職人の手

16
PROFESSIONAL
STORIES

山崎真由子

anonima st.

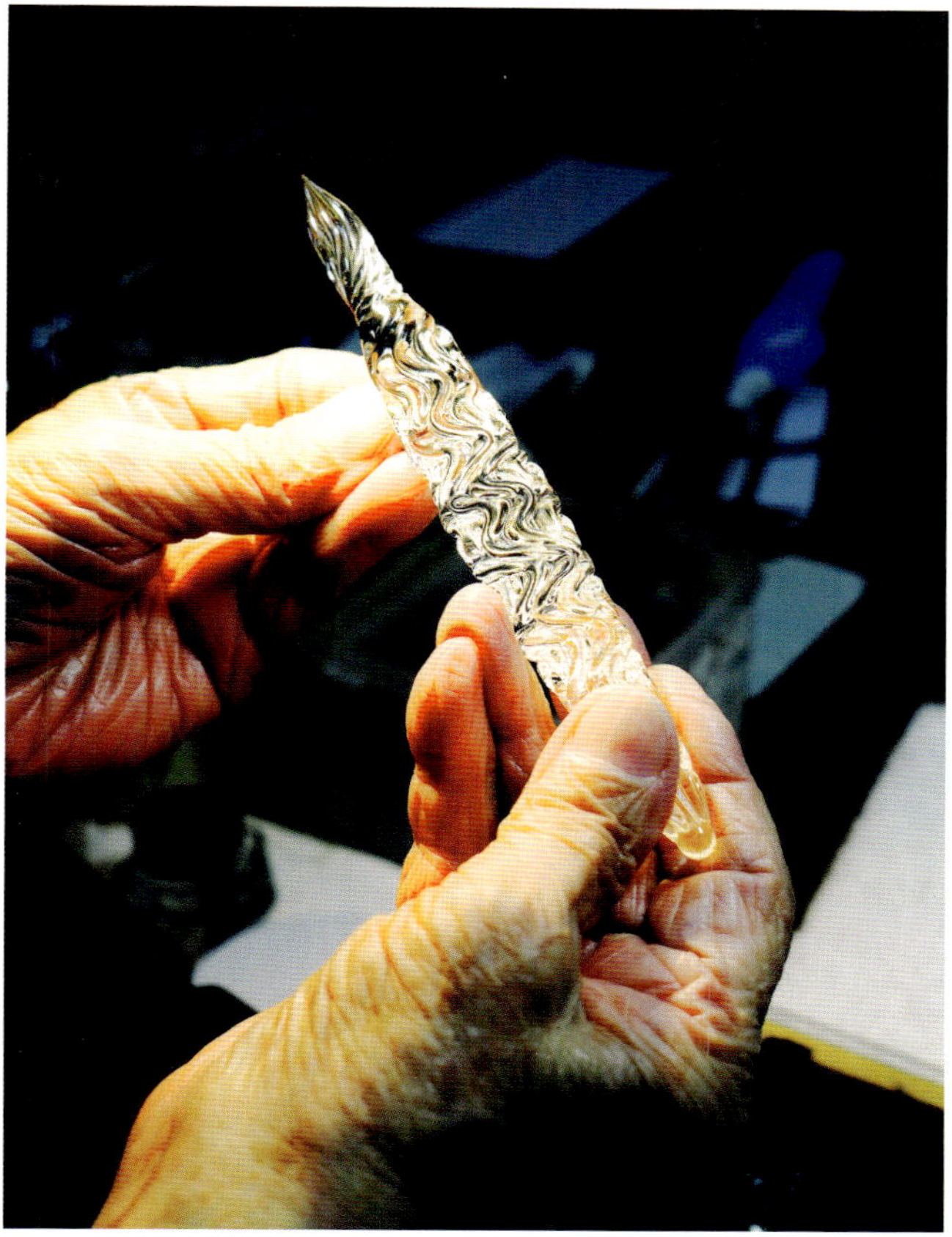

K.M

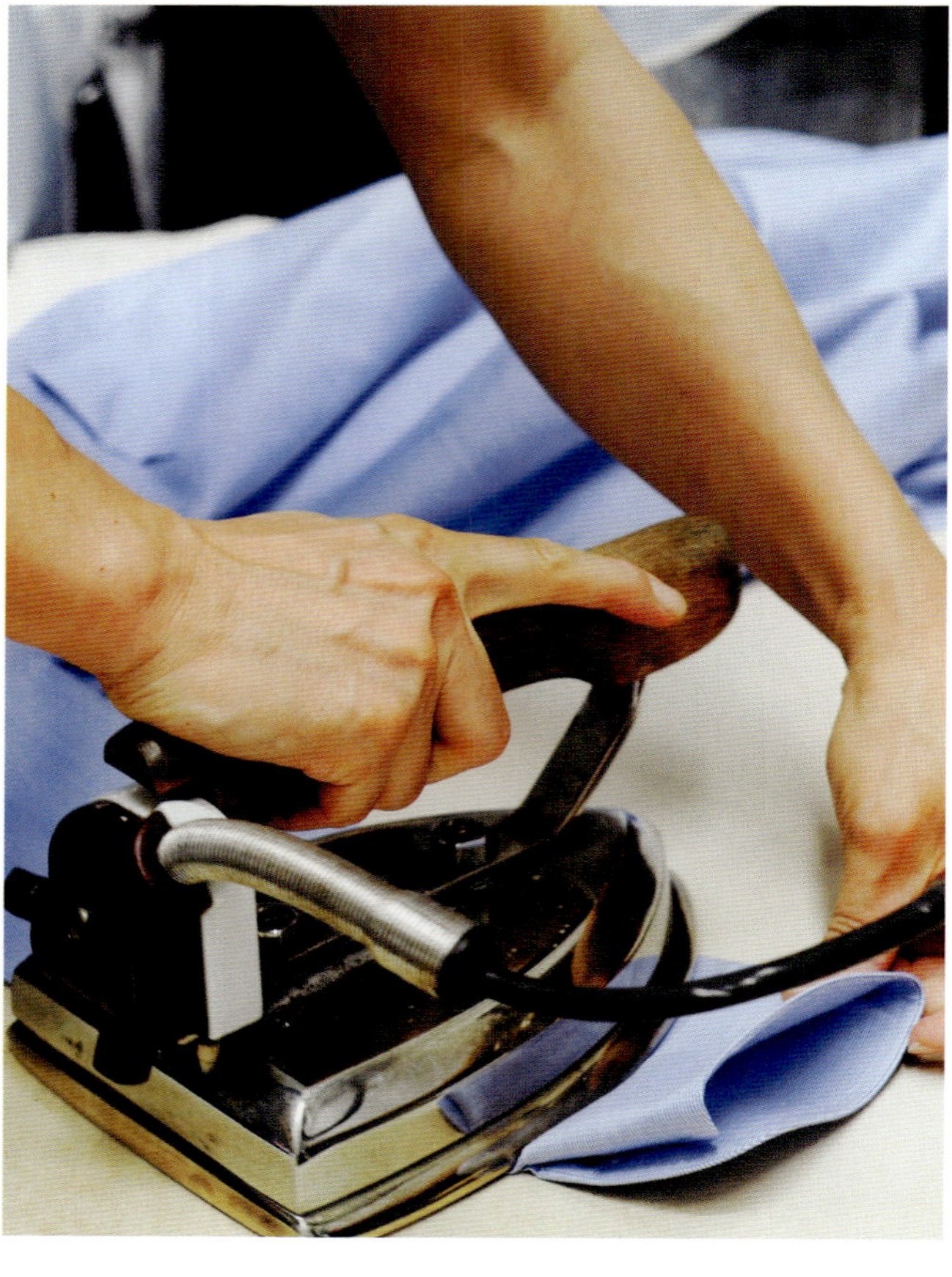

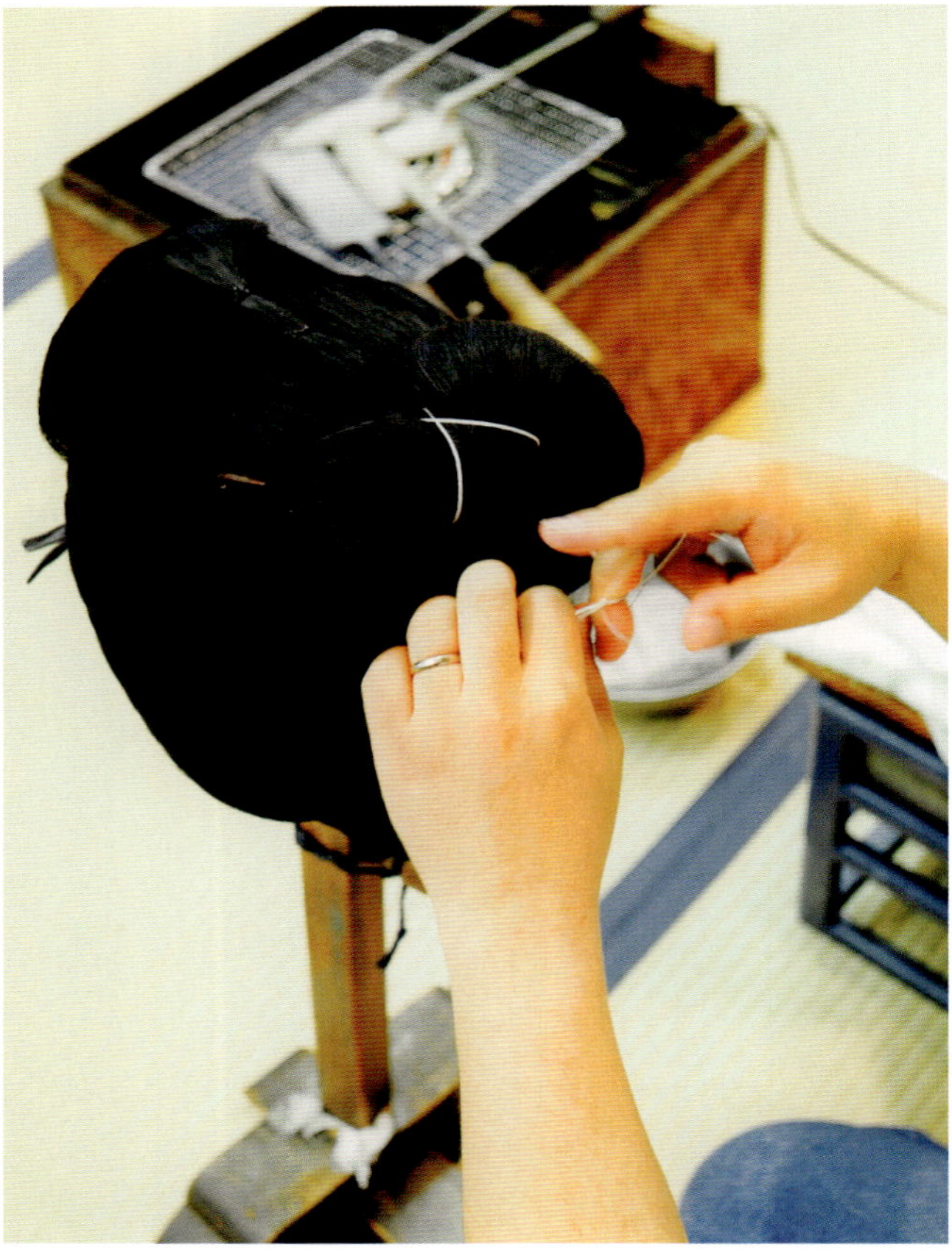

PROLOGUE

はじめに

「お前は、人のふんどしで相撲を取っているだけだ」

かつて、ある酒場のマスターにこう言われた。

「自分ではなんにもできないくせに、取材しては、そこで得たことをさも自分の手柄のように語っている」とも。

〃語っている〃というのは雑誌の記事や書籍にしているという意味で、私としては〃取材したことを記している。お話をしてくださった方々やお店、商品を紹介している〃つもりだった。

だが、そのマスターにしてみると、私の行動（仕事）はそうではないらしい。

たしかに、私はプロの料理人でもなく、音楽家でも落語家でもなくアスリートでもない。林業や農業、漁業にも携わってもいないし、なにかを発明したり、開発もしていない。演技や唄で、人の心を震わせることもない。

その後しばらくは、どんなに素敵な人に出会い、お仕事や人となりを紹介しても、それは「私自身」ではないことが気になって仕方なかった。


とはいえ、誰かを取材して記事を書くことは、私の商売である。もやもやとした気持ちを抱えながらも、日々、人に会い、それらを綴っていくしかない。

綴りながらも、やはり、私はなにも成し遂げていない。つまるところ、「なんにもできないという事実」が、重くのしかかっていた。

でも、そんな日常を繰り返し仕事に没頭するうちに、その事実が少しずつ小さくなり、あるとき、すーっとラクになった。ありていに言えば、開き直ることができたということだけれども。

そこには、「文章や写真にして発信してくれることって、相当貢献していると思いますよ」と後押ししてくれた人の存在も大きい。

そう、私自身は無力でも、私には「なにかを成している人のことを伝える役割がある」と、自分の仕事に誇りを持てるようになったのだった。

以来、その気持ちで、プロフェッショナルな人々を取材し続けている。

そうして出会った方々は、みな、魅力にあふれる人たちばかりだ。それぞれの仕事への姿勢や在り方……いろいろなことを教えてくださる。

一様におっしゃられるのは、「なにもしていない。ただ、毎日続けているだけ」

すごい、かっこいい。私もそう生きたい、そう言い切ってみたい。そんなことを願ううち、職人さんの物語――『職人の手』ができあがりました。

ようやく堂々と言えます。

「人のふんどし」で書かせていただいた一冊、さあ、どうぞご覧ください、と。

CONTENTS

はじめに …… 17

01 ガラスペン …… 菅 清風 …… 24

02 洋傘 …… 小網正一 小網富子 …… 34

03 料理人 …… 古川竜三 …… 46

04 江戸文字 …… 橘 右之吉 …… 58

05 桐たんす …… 田中英二 …… 70

06 モデリスト …… 三竹伸之 …… 82

07 鍋 …… 中村恵一 …… 94

08 結桶師……川又栄風 104
09 ビヤホール主人……鈴木寛 116
10 陶工……今泉卓 128
11 仏師・彫刻家……加藤巍山 142
12 クリーニング師……伊沢裕樹 154
13 篆刻家……雨人 加藤俊輔 168
14 活版印刷家……市倉郁倫 180
15 日本茶農園……渡辺知泰 192
16 歌舞伎 床山……谷川兼太郎 204
「職人」ということ……217

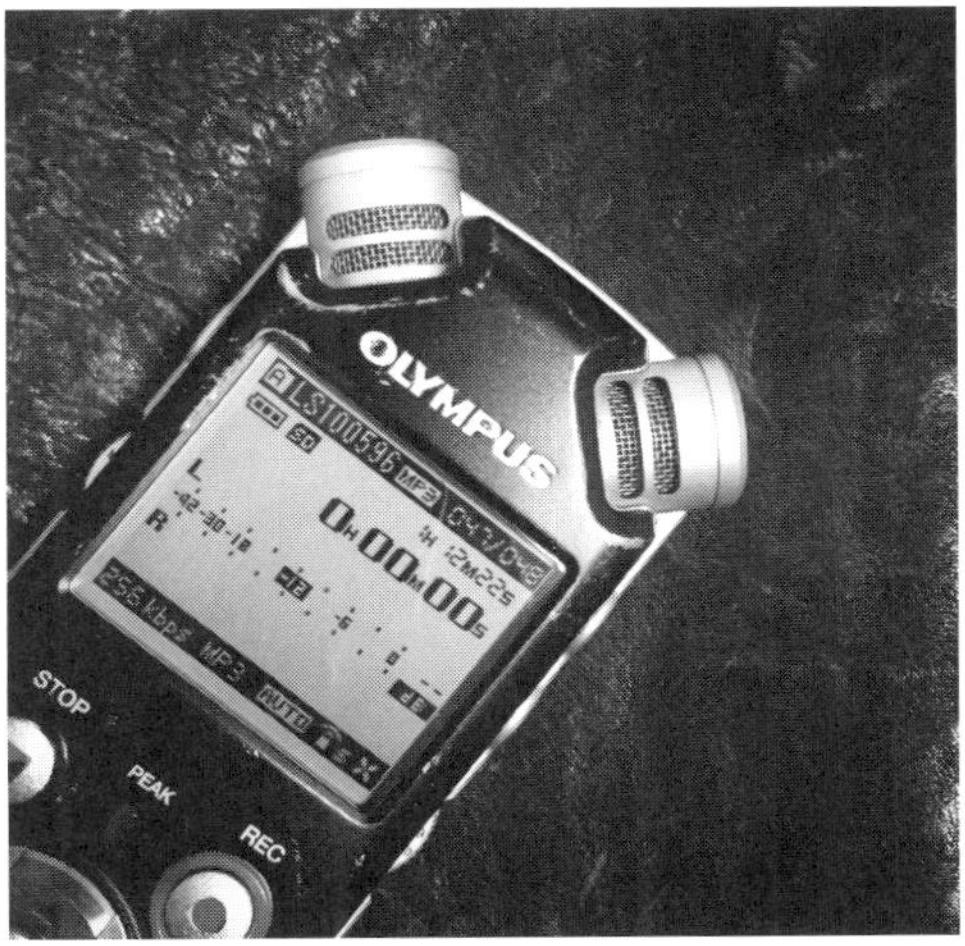
OLYMPUS
STOP
PEAK
REC

ガラスペン

ガラス工房 炎

菅 清風

01

Kan Seifu

職人の〃手〃の美しさ

筆記具が好きで、なかでも万年筆にはめっぽう弱い。万年筆に弱いということは、インクにも弱いということで、インクを使うガラスペンにも弱いのだ。念のために申し上げるが、弱い＝大好き。つまり、前後の見境なく、欲しくなってしまうのである。好きが高じて、二年前に、自分の好きなモノや人だけを紹介した文房具の書籍をつくったほどだ。

その本は、カタログ的なつくりではなく、かなりエモーショナルな雰囲気でブツに寄り、物づくりの現場にも赴いた。そこで、かねてよりお会いしたいと思っていた、京都のガラスペン職人である菅《かん》 清《せい》風《ふう》さんを訪ねたのだった。当時、清風さんは96歳。矍鑠《かくしゃく》としていらして、ウイットにとんだお話をしてくださった。やんわりとした京都の言葉も心地よかった。

それまでも「職人」と呼ばれる方々をたくさん取材する機会に恵まれ、そのたびに、なにかを生み出す「手」をじっくり見せてもらっている。

清風さんにも、「手を撮らせてください」とお願いすると、気に入りのガラスペンを両手で携え、私の前に出してくださった。

これが、長年、ガラスペンをつくり続けてきた「手」か。肉眼で見て、ファインダーで覗いて、その「手」に衝撃を受けてしまった。美しくも尊い……チープだが、そんな言葉が口をついた。ご自分がつくったガラスペンがいちばん素敵に見える様子をわかっていらっしゃる、そんな「手」だった。

つるりとしたきれいな肌には深い皺が刻まれている。ガラスペンよりも、清風さんの、この手を遺したいと強く思い、「いつか、職人さんの〝手〟をテーマにした本をつくろう」と決めた。そして、やっと、本書にたどり着いたのだ。

ネオンサインからのはじまり

ガラスペンというと、北海道・小樽の土産品を思い浮かべる。いかにもガラス製といった体で、華奢な様子がそれはそれで儚くていい。でも、太いペン、たっぷりのインクフローを好む自分には、小樽のガラスペンはちょっと違う。

ドイツ製も試したし、東京の職人さんの名品も試した。どれもすばらしいには違いないが……やっぱり、私の手には馴染まない。

なのに、この清風さんのガラスペンは、しっくりとし、かつ道具としてもガンガン使える屈強さもあった。屈強と書いたが、その見た目は非常に美しい。ボディ(軸)に施された、緻密で繊細な凹凸でつくられる螺旋の形状は〝漣《さざなみ》〟のごとく。いつまでも見飽きない。そして、ゆるやかにカーブを描きながら、ペン先へと収斂《しゅうれん》されていく8本のライン。

持った角度や、手にする時間、真っ白なノートの上か、落ち着いたデスクの上か、などにもよって表情を変える。キラキラと煌めき、はたまた陰影も放つ——

この美しさは、清風さんのガラスペンならでは。華美ではなく機能美。いつも、モノを選ぶときは、意味のある美しさに魅かれる。その最たるモノがこのガラスペンかもしれない。

一般に、ガラスペンは軟質ガラス製だが、清風さんは、あえて加工が難しい〝硬質ガラス〟を使う。硬質ガラスのメリットは耐久性に優れていること。割れさえしなければ、子にも孫にも伝えることができるはず。ほどよい重さで（ガラスペンにしてはズシリとしている）、筆記バランスもいい。

ところで、なぜガラスペンで筆記ができるかというと、「毛細管現象」を利用しているから。ペン先をインクに浸すと、8本の細かなラインがインクをスーッと吸い上げる。ペン先を持ち上げてもインクが垂れることは決してない。が、紙に当てると、インクが紙に吸い取られて文字が書けるという仕組みなのだ。

万年筆用のインク（ボトルタイプ）なら、なんでも可。ガラスペンの魅力のひとつは、使ったら水でサラサラとすすぎ、やわらなかペーパーで拭けばよし。すぐに違うカラーのインクも使うことができる点。万年筆では、そう易々とインク（カラー）チェンジができないが、ガラスペンならお手の物なのだ。

そんなガラスペンが誕生したのは、明治35年（1902）にさかのぼる。〝ヨーロッパからの舶来品〟のようだが、なんと日本人が生み出したもの。東京の風鈴職人の佐々木定次郎氏が開発した。当初は、オールガラス製ではなく、竹製のペン軸に、軟質ガラスのペン先を挟んだものだった。ガラスの先端がすり減りやすく、ペン先は使い捨ての消耗品だったという。

墨汁も利用でき、昭和の半ばぐらいまでは事務用品としてポピュラーだったが、ボールペンが台頭すると、次第に使われなくなってしまう。

オールガラスの一体型が生まれたのは30年前、平成になってからのこと。意外にも最近なのか、と驚かされる。清風さんがガラスペンをつくるようになったのも、26年ほど前のことだ。

清風さんは大正9年（1920）、神戸に生まれた。太平洋戦争中は海軍航空隊に徴用され、整備士として働いた。広島・呉鎮守府で増設された戦闘機隊「第三三二海軍航空隊」に所属し、呉に近い陸上基地である岩国にいた。清風さんは、敗戦の10日ほど前、岩国の基地で空襲に遭い、三本の指を欠損した。

「なくした指を見られるのが嫌で嫌で。だから人目にふれず、ひとりでできる職人仕事に就いたんです」と言う。先に〝手〟を撮らせてもらったと書いたが、そのとき、そう言われるまで指が欠けていることにまったく気が付かなかった。両手でガラスペンを携える、あの美しい持ち方は、なくした指を気取られないため。そうした点を見ても、清風さんは、つねに美学を追求しているように思えた。

敗戦後、工芸が好きでなにか物づくりを、という思いもあって、大阪で金属加工や金型製造に携わる職人になった。そこでガラスにも興味を持ったという。昭和48年（1973）には、福岡の硬質ガラス加工職人に師事し、技術を学ぶ。そして翌年、京都に移住し、ネオン管（ネオンサイン）加工業をはじめるのだった。

ネオンサインとは、ガラス管のなかにガスを封入し、放電されることによって光を放つもの。明治43年（1910）のフランスの化学者、ジョルジュ・クロードが発明したもので、同年のパリ政府庁舎で初公開されたのがはじまりだ。その後すぐに広告照明として使われ発展した。1920年代にはアメリカに普及し、一大フィーバーに。ガラス管は、曲げて加工することもできるため、さまざまな広告サインに用いられるようになり、同時に日本にも広まった。

ネオンサインのわかりやすい例として、バドワイザー（Budweiser）を思い浮かべてもらえばいいだろうか。さまざまな色を出すことができるのは、赤や橙系ならネオンガス、青紫系ならアルゴンガスというように、ガスを使い分けているからだ。

清風さんは、そうしたネオン管加工を本業としながらも、ガラス製品の可能性を探ってきた。

「私は人がやらないことに挑戦したい。真似できないものをつくりたいという思いがあって、いろいろなガラス作品をつくってきました」

巨大なステンドグラスや、一時間を計測できる大きな砂時計、ひょうたんの形状をした〝ぽっぺん〟などを生み出した。ぽっぺんは、ガラスの弾力性をいかしたオモチャで、そっと息を吹き込むと軽やかな音が鳴り〝ビードロ〟の名も持つ。喜多川歌麿の浮世絵にも描かれたといえばイメージできるだろうか。

清風さんが〝ひょうたん型ぽっぺん〟を開発したのは、昭和から平成へと変わった1989年のこと。ちょうどこの年から、「100歳を迎える方や、平和で明るい世界を目指して活躍している人々」に贈り物をするというボランティア活動をはじめたという。清風さん、69歳のときだった。

美しい紋様を生み出す精神力

「人がやらないものに挑戦したい、真似されたらすぐに辞める」をモットーに、さまざまなガラス製品をつくってきた清風さん。

いよいよガラスペンをつくるようになったのが平成8年（1996）、76歳のことだった。70代後半にもなってまで、まだまだ「人と違うことをする」という意欲がすばらしい。世間にオールガラス製のガラスペンが登場したのが、その7年前のこと。きっと、その華奢なガラスペンを見て、「もっと違う、もっといいものができる」と、得意の硬質ガラス加工の腕をいかして、唯一無二の存在となるガラスペンの開発に取り組んだのだろう。

「より細い線が書けるように」「インクのボタ落ちを防ぐように」など改良に改良を重ねて、いくつものガラスペンが誕生してきた。

なかでも非常に難しい技術が「ダイヤ絞り」と呼ばれるものだ。これは、直径10ミリから20ミリの硬質ガラス菅を1200℃にもなるバーナーの炎で炙り、右にねじっては押して引き、左にねじっては押して引きを繰り返す。この一連の作業を、微調整を加えながら延々と繰り返すのだが、何度も何度も行うことで、軸に螺旋状の紋様が生まれるのだ。これこそが清風さんの真骨頂で、太い軸の場合、これを生み出すのに四時間以上もかかるほど。

「寸分違わない工程で、やり通すことが大切」と言うだけに、相当な集中力が必要とされている。

この工程を見たい、ちょっとだけでも見せてほしいと思ったが、それは叶わなかった。

「集中力を持続させて、一貫して行う作業です。途中で止めれば製品にならない。わずかな物音にピクっとしただけでも手元が狂う。だからダメです」

その代わり……と、硬質ガラス菅をバーナーで炙り、曲げてくださった。一瞬でカタチづくられてしまう。ちょっと気を抜いたらまったく違うカタチになってしまうだろう。この炎と延々と対峙すること。その集中力と精神力。そうしてつくられたガラスペン。大切に使わなければ、と深く思う。

「大切に」と言うものの、清風さんのガラスペンは丈夫である。よその悪口ではないが、いつもと同じように使っていたら、「パリンッ」と割れたものもある。ガラスペンは、美しくとも道具、つまり筆記具でなければならない。ストレスなく使い続けること、それができるという安心感、これも清風さんのガラスペンが支持される理由だ。

もうひとつ、清風さんの魅力はオリジナルのインク壺にある。ボトルの底部に特殊なスポンジを敷いたもので、そこにインクが充填されている。ペン先が欠けることのないようにした（丈夫だからそうそう欠けることがないとはいえ）、配慮もうれしい。

そして、このガラスペンを持ち運ぶのにピッタリのペンケースが存在する。それが、83ページで紹介する「インダストリア」のオムレットペンケースだ。外側は美しく堅牢なバケッタレザーで、内部が厚手のネオプレーン。そこに挿せば、いつでもどこでも、このガラスペンを使うことができる。ガラスペンを持ち歩くことを諦めていた人におすすめしたい。

大正から令和に続く思い

清風さんのもと、ガラスペン職人になりたいと訪ねてくる若者は何人もいた。だが、なかなか続く人は少なかった。「無心で何時間も作業を続ける」ということは、生半可な気持ちでは到底できない。離脱する人が多いなか、20年勤めた職人がいたが、先般、〝ガラス〟をテーマにした作品を生み出すアーティストとして独り立ちをしている。

そして現在、清風さんの孫である清流《せいりゅう》さんが、工房にいる。〝二代目〟として菅 清風ブランドのガラスペンをつくっているのだ。物心ついたときには、繊細で美しいガラスペンへの好奇心があったそう。子どものときから馴染んでいたネオン管やガラスペンの世界、職人仕事をしたいとおのずと思うようになり、高校生のときに祖父に弟子入りした。

弱冠23歳。とかく職人仕事の世界は、経験値がものをいう。いや、年輪を重ねていればいるほど、われわれユーザーはなんとなく安心しがちだ。が、清流さんと話をして、清流さんの仕事姿を見て、なにより、清

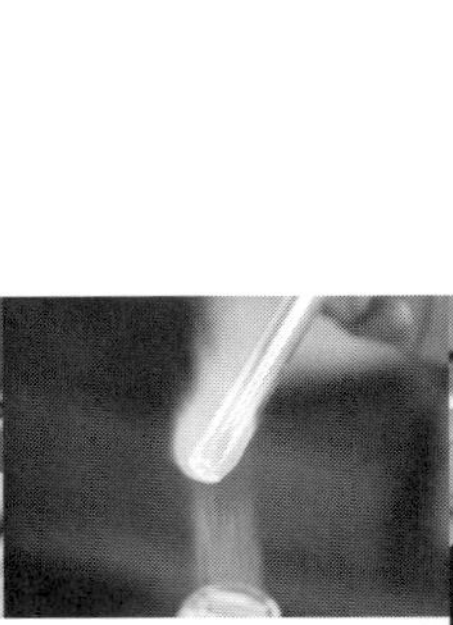

修理
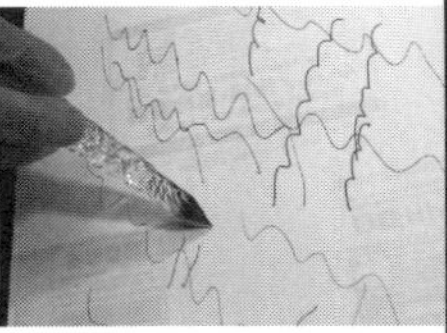

「加茂の流れ」という名モデルを手にする清風さん（右ページ）を撮影したのは3年前。試筆する姿もお元気だった。ブルーの「加茂の流れ」（上写真）は清流さんが考案した。96歳と23歳の“職人の手”。感慨深い。

流さんのつくるガラスペンをさわって……そうした年月にとらわれるのは意味がないと感じた。

清風さんはガラスペンの制作現場を披露しなかったが、清流さんは快諾してくれた。ガラスペンづくりの、どの工程も重要でいずれも集中力を欠くことはできない。これは清風さんも清流さんも変わらない。でも、清流さんは、

「物づくりの臨場感が伝われば、それだけ、その品に興味を持つ人が増えると思うんです。だから、これからは積極的にお話ししたいんです」

そうした理由もあって、ペン先部分と軸を結合する作業を見せてくださったのだ。幼少期から工房に出入りし、清風さんのサポートをしてきただけに、すばやく慣れた様子である。が、「いや、ここはもう少し」と自己を冷静に分析しながら手を進める。

そこには、「清風の意志を継いで、清風の質を保ち、ガラスペンをつくり、多くの人に使ってもらいたい」という決意が見て取れる。そのためには、PRやマーケティングが必要だと、情報デザイン系の大学へ進学した。だが、自分でつくることへの興味を抑えられず大学を辞めた。そして、師匠である祖父のもと徹底的に技術を習得。とはいえ、まだまだ、長年、研鑽してきた師匠の技に敵うことはない。ガラスを扱うのは難しく、挫折することもしばしばで。

たとえば、炎とガラスの関係だ。バーナーの火は下からだけ。硬質ガラス管の表面すべてを均等に炙らないと、伸びるところと伸びないところのムラができてしまう。均等にもねじることができない、というガラスの性質をコントロールするのが非常に難しいそうだ。

また、清風さんの教えとしては「基礎の仕事、単純な作業であっても、それをやり続けること。続けることで上達する」だが、清流さんは、そこに満足ができなかった。当初は、その言葉を無視して、どんどん新しい技にトライしたそうだが、

「中途半端なものをお客さまに出せるわけがない」という清風さんの言葉にハッとしたという。以来、清流さんは黙々とガラスペンと向き合った。基本に忠実に、でもそこに自分なりの試行錯誤を重ねて、菅 清風の名に恥じない一本をつくるようになった。

「やはり、いちばんの願いは、お客さまに喜んでいただきたい、長く使っていただきたいですからね」

そしてこの十月、清風さんはこの世を去った。

技術をそのまま受け継ぎ、品をつくることだけが、継承者の仕事ではない。今の世相にあったアプローチがあると、清流さんは、さらに強く思うようになった。

廃材のガラスを使ったワークショップや、伝統工芸職人とのコラボレーション、友人の画廊に納めるなど、新たな取り組みにもチャレンジしている。

「時代のニーズに合わせたアピールや売り方を工夫すること。ガラスペンをより進化させて次の時代……百年後、二百年後にもこの技術が残るようにしたい」

〝真似できないもの〟をつくり続けた、大正生まれの清風さん。そして、祖父の意思を継いだ平成生まれの清流さん。令和という新しい時代に、ふたりの職人の仕事と思いが続いていく。

01

菅 清風

1920年
兵庫・神戸市生まれ
（享年98）

ガラス工房 炎

京都府京都市左京区北白川東伊織町26-2
Tel：075-723-1300（電話受付9〜17時半）
営業時間：9〜18時

www.kanseifu.com

小宮商店

小椚正一
小椚富子

02

Masaichi & Tomiko Okunugi

職人歴70年、86歳の傘職人

「馬鹿のひとつ覚えでこれしかできないから。16のときからこれしかやっていないから」

洋傘職人歴70年、86歳の小《お》椚《くぬぎ》正《まさ》一《いち》さんは、たびたびこうおっしゃる。

小椚さんは、東京・中央区東日本橋にある洋傘メーカー「小宮商店」の専属職人だ。長年、奥さまの富《とみ》子《こ》さんと二人三脚、毎日、傘をつくってきた。

小宮商店といえば、昭和5年（1930）創業の老舗で、ミシンのほかはすべて手作業でつくられる「東京洋傘」を製作・販売している。東京洋傘とは、洋傘職人だけでなく、傘の骨をつくる骨屋さん、傘の持ち手をつくる手元屋さん、そして生地屋さんがそれぞれ技術を磨き、いっさい妥協せずに仕上げたものだけを指す。東京都の伝統工芸品に選出された逸品もあり、それらは、丁寧につくられ、丈夫で美しいシルエットを有している。

〝美しいシルエット〟と口にするのはやさしいが、これがなかなかに難しく、誰にでもできるものじゃない。小宮商店の三代目社長、小宮宏之さん曰く、

「広げたときの丸みがきれいであること。小門さんは、使う方の立ち姿も意識してつくってくださる。さらに、傘の開きが硬くなくスムーズ。ここまでできる職人さんはほかにいません」

ずっと変わらず、いいものを

洋傘そのものの歴史を振り返ると、江戸後期、長崎に入港した唐船（中国の）船載品目に「黄どんす傘一本」の記述があり、これが最古の記録だとか。

その後輸入がはじまり、ごく一部の武家や医師、洋学者など、選ばれし人々が使ったというが、庶民は「竹の骨組みに和紙を貼り、油を塗った、いわゆる番傘」をさしていた。

明治になると日本初の洋傘制作会社が東京の本所に設立され、国産品が誕生。さらに日比谷に鹿鳴館ができると一般にも欧風文化が広まり、洋傘の存在が知られるように。

そこから時代がぐっと下り、小宮商店が創業したころには、まだ和傘が主流であるものの、洋傘は高級品として需要が増えた。腕のいい傘職人が多く誕生し、洋傘文化が花開く。創業者の小宮宝将《ほうしょう》氏は、自身の出身地である山梨の甲州織生地を使い、洋傘づくりをはじめたのだった。

昭和24年（1949）ごろには折りたたみ傘が、昭和35年（1960）にワンタッチで開くジャンプ傘が登場するなど、洋傘生産はますます盛んに。昭和40年代には、日本は傘の生産量、輸出量、消費量が世界一となった。

当時、小宮商店のある東日本橋界隈には、70軒以上もの傘屋や部材屋があり、それぞれが職人を抱えていたという。まさに傘業界が活気に満ちあふれ、つくってもつくっても追いつかない状況だったそうだ。小門さんもそうした傘職人のひとりとして、ひたすら傘づ

くりの技術を磨いていった。

だが、これが洋傘のピークだった。

以降、安価な外国産が台頭し、ビニール傘が多用されるようになって久しい。

ちなみにビニール傘の誕生は昭和33年（1958）。発売当初はまったく売れなかったと聞く。だが、四年後の「東京オリンピック」以降、徐々に名を馳せ、大々的に広まったのだった。

契機は、オリンピック観戦に来日していた、アメリカ人の傘業者だった。たまたま、日本製のビニール傘を目にしたところ、「これはイケる！」と持ち帰ったそうだ。直感が当たり、アメリカで大ヒット。そのヒットを受け、ビニール傘は日本でも使われるようになったのだ。余談だが、筆記具のサインペンも、アメリカで話題になり日本に波及した。「ヒットの逆輸入」はときに起こるということだ。

それにしてもビニール傘をさしている人のなんと多いことよ。ビニール傘を悪者にするわけじゃないが、どんなにいい服を着て、素敵なカバンを手にして、よい靴を履いていても、傘がビニールだと興ざめしてしまう。もちろん、急な雨降りで、とか、すぐになくすから……といった事情があるのだろうけれど。

そして現在、国産の洋傘の割合はたった1パーセント程度。昭和40年代に活躍していた傘職人たちの多くは、平成の初期に廃業を余儀なくされたという。が、「たとえ時代が変化しても、自社で良質な物をつくる」と掲げたのは、小宮商店創業者だ。

そう、〝時代は変化〟した。けれども、その精神を脈々と伝えるのが小椚さんと富子さんなのだ。

そんな小椚夫妻に会うのは二年ぶり。おふたりは変わらず、実直でほがらかで温かい。でも、以前と違うのは……お弟子さんがいること。

そういえば、前にうかがった際、小宮社長から、「後継者の育成に力を入れるべく、職人志願者を募っている」と聞いた。小椚さん宅に〝通い〟で学び、職人の心意気と技術を受け継ぐべく、傘の道に入った〝見習い職人〟にも話を聞いた。

傘は縫いが肝心

「物づくりにずっと憧れていましたが、そうした機会はそのへんに転がっておらず、自分とは遠い仕事だと思っていました」と言う小林奈々さんは、今年（2019年）の一月に入った。今はおかみさん（奥さまの富子さん）のもと、ミシン仕事を行っている。

小林さんはウェブ企画の会社に勤めていたときに、自分用のいい傘を探していたところ、小宮商店の職人募集を知ったという。

「小椚師匠の動画も見まして。私にもできないだろうか！と、夫に相談したんです。幸い、『挑戦してみたら』という言葉もあって、会社を辞めて入りました」

おかみさんは「私よりも、ミシンを早く踏んでくれる」と言い、小椚さんは「傘は、縫いが肝心なんです。うちのにね、『小林さんみたいに縫ってみろ』と言うくらい（笑）」と、小林さんは上々のスタートを切っている。

このミシン縫いだけが唯一、機械を使うが、傘づくりは基本、手作業だ。親骨の本数（8本骨、10本骨、16本骨など）が多くなればなるほど手間が増える。その工程としては、

1　木製の型に合わせて生地を手作業で裁断し、型である「コマ」にする。コマは一見、二等辺三角形だが、両辺がゆるくカーブを描いている。この形状が傘の美しいシルエットを生み出す秘訣であり、裁断次第で傘の全体のよしあしが決まってしまうのだ。天紙やダボもここで抜く。

2　裁断したコマにキズや汚れ、ヨレがあってはダメ。光に透かしながらしっかりと確認する（＝コマ検反という）。

3　親骨の本数に応じて、コマをミシンで縫い合わせる「中縫い」を。下糸のない傘専用のミシンを使い、生地がツレたりヨレたりしないよう慎重に行う。中縫いしたものを「カバー」と呼ぶ。

4　傘を開閉するときに押し上げる「ロクロ」部分を覆うロクロを包む。これも手縫いだ。

5　傘の骨の関節部分を「ダボ」という。ダボがむき出しでは生地と擦れてしまい、キズや汚れなどのダメージに。それを防ぐカバーとなる「ダボ布」を付けるダボ巻きを。もちろんこれも手縫い。

6 ロクロ包みとダボ巻きを施した骨にカバーを張る。石突き（傘のてっぺん）からカバーをかぶせて、先端部分（天井）を糸でかがる「天かがり」をする。

7 露先（各骨の先端）とカバーを縫い合わせる。これを「口とじ」という。

8 各骨とカバーを糸で縫い付ける「中とじ」を。1本の骨に2カ所ずつ、しっかりと縫い留める。

9 雨漏りが起きないよう、傘の先端部分に防水布「菊座」と、円錐形の「陣笠」を取り付ける。

小椚さんの工程はここまで。このあと小宮商店本社に納品され、「小椚さんとは50年以上の付き合い」という小宮商店の職人・石井健介さんが手元（ハンドル部分）を付ける。その後、製品検査をして完成となる。

夫婦で尊重し合う仕事

「反物がくる、裁断する、キズを見る。いいと思ったら縫う。それから頭をかがって口元もかがって、中を縫う。そしてネームを付けて……。ちょっとやってみましょうか」と、小椚さんがダボ巻き、ロクロ包みを見せてくださった。

指貫《ゆびぬき》をして針を手にした小椚さんは、驚くほど早く進めていく。手だけではなく両足も使い、リズミカルで、ひとつひとつの仕事が恐ろしいまでに丁寧だ。

針仕事というと、それほど力がいらないのでは？と誤解されがちだがとんでもない。小椚さんの一針一針には力というか魂が込められ、「しっかりしたいい傘をつくればいい。職人とはそういうものです」という信念がヒシヒシと伝わってくる。

小椚さんの言葉を借りれば、手抜きやズルなんて絶対にありえない。小椚夫妻が考えるのは、ひたすら「いい傘をつくる」ことだけ。

ミシンによる中縫いは富子さんの仕事だ。8本骨の傘なら8枚のコマ、10本骨なら10枚のコマ、16本骨なら16枚のコマを縫い合わせて円形にする。これを骨と縫い付けると、美しいドーム状のシルエットができるのだ。シルエットを美しくできるか否かは、傘職人の腕にかかっている。小椚さんの傘を開けば一目瞭然。思わず、ため息が出てしまう。

「いい縫いができるかできないかは、ミシンを踏んでみないとわからないの。巻金の中に生地がたくさん入ってしまうこともあるし、怖がって生地をギュッと引っ張って縫うのはダメなのね。自然に踏まないと。私は師匠がいなくて。最初に工場で教わったら、うちにミシンを持ってきて。そのとき教わった通りに今もやっているだけ。いい型（コマ）があるから、うまく縫える」

富子さんがそう言うと、小椚さんは、

「型が決まるまでは大変だが、いい型ができれば、裁断は、大したことじゃない。あとは、縫い方次第で傘のカタチが決まってくる。いい傘には縫いが肝心」と、お互いの仕事を尊重している。

小椚さんは「大したことじゃない」と謙遜するが、裁断も難しい。お弟子さんたちが〝いちばん最後に教わるのが裁断〟という点からも、高い技術であることは容易に想像がつく。

こんなふうにつくられる傘は幸せだ。なんでもかんでも使い捨てられる世の中だが、小椚さんの傘は、ずっと大切に使い続けたいと思わせてくれる。

そんな、小椚さんの傘づくりは、それぞれの工程を複数ずつまとめているため、一気に完成させるわけではない。だから「一日に何本できるのか？」というのは愚問だが、訊くと、「4本か5本できれば充分でしょ」という答えが返ってきた。

「昔と違って、いろんな生地が出てくるからね。新しい生地は難しいね。とくに、この〝麻〟は縦糸と横糸が自在に動くので、やわらかくて縫いにくい。それにキズも出やすいし。織物だからキズが出るのはしょうがない。でも、少しでもキズが出ていると商品になりません。だから小宮商店さんの番頭さんにダメだって言いますよ。生地屋に話せって。ちゃんといい生地を納品してもらえって」

はたまた、ほかの生地と比べると、「麻はヨレるから裁断が大変。少しでもズレたら完成のカタチが変わる。でも『頼むよ』と言われると頑張っちゃう」と小椚さんが言えば、小宮社長が、「難しい麻や綿生地は、小椚さんが上手なので」と信頼の眼差しを向ける。

「仕事だから仕方ないけれど（笑）、パラソルの時期はなかなかに大変です。でも、こっちの生地は丈夫で

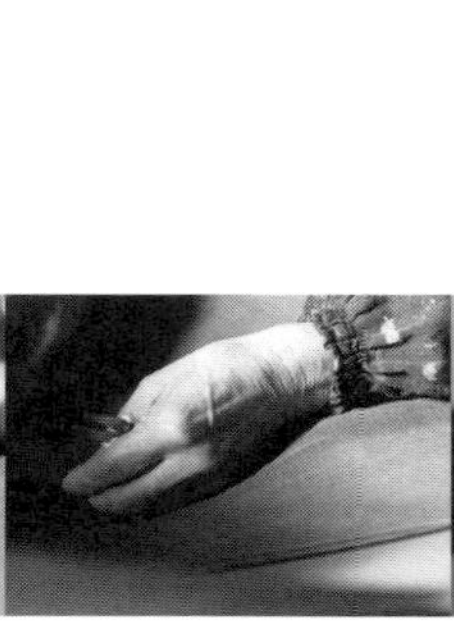
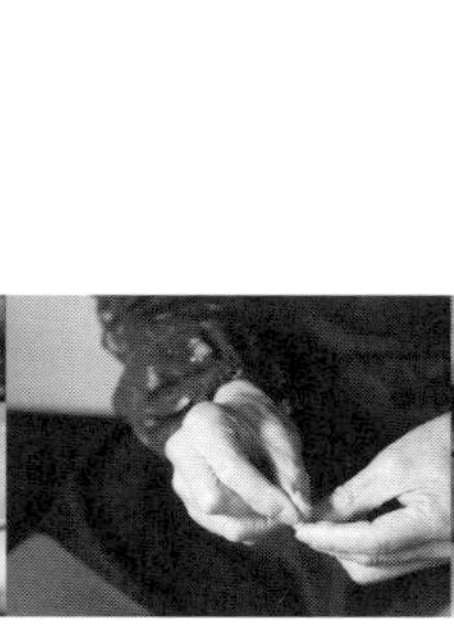

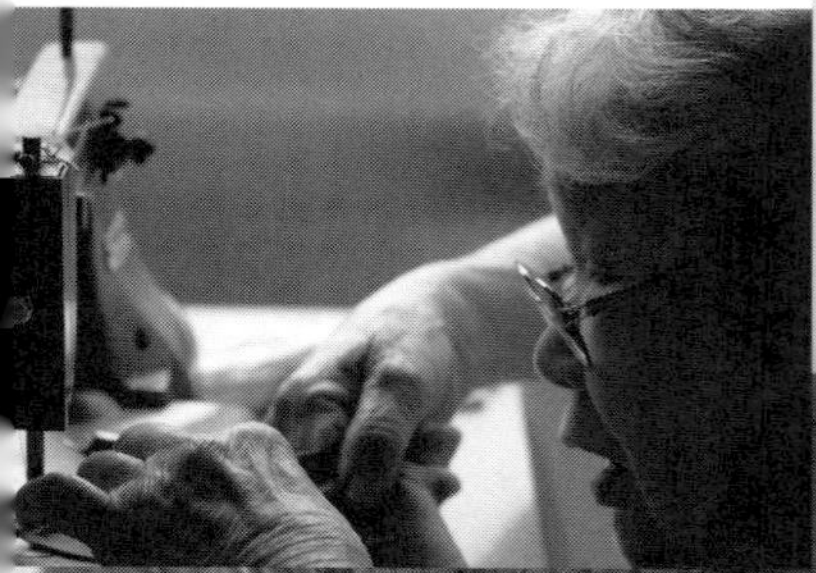

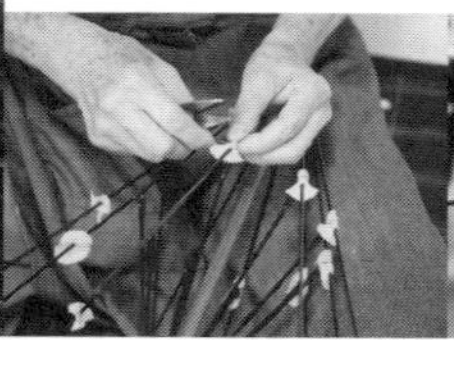

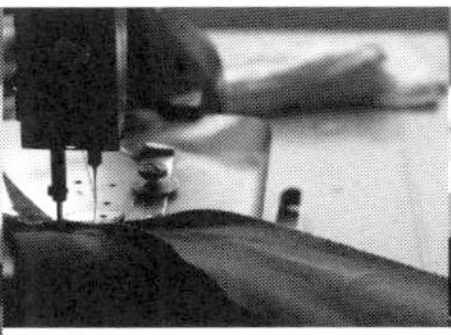

一階で生地を裁断しコマにし、二階でコマを縫い合わせて、傘のカタチにする。富子さんが踏むミシンの音が心地よい。正一さんはリズミカルにダボを巻く。“おやつの時間”に笑顔が絶えない、素敵な空間だ。

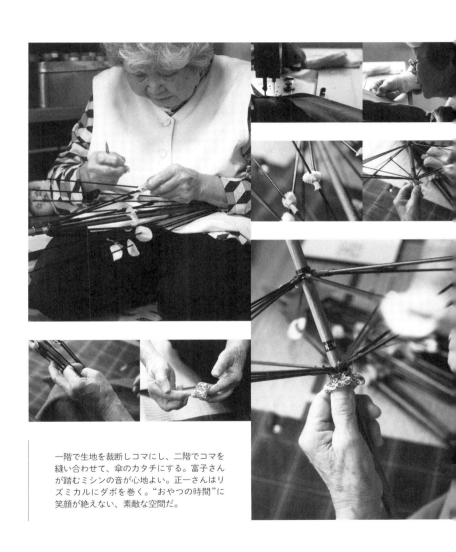

やりいい」
〝こっちの生地〟とは、富子さんが「口とじ」をしていた風呂敷地だ。ハリがあって適度な厚さ、キズも付きにくく、「社長、こういう扱いやすい生地を、うちにたくさん持ってきてよ」と快活に話す。

技をつなぐ新たな徒弟制度

昭和40年代のピーク以降、国産の傘づくりが下火になり、傘職人の数は少なくなった。当時、20代から40代の職人は転職できたが、すでに50代だった方々は、そのままずっと傘づくりを続けたという。だから、現在、〝70代後半から下の世代〟がいないという状況だそう。このままでは「職人断絶の危機」が目前だ。そこで小宮商店は、数年前から「一人前の傘職人を育てる」ことにした……というのは先述の通り。

自社のウェブサイトなどで募集したところ、想像以上に応募があったという。小椚さんによる傘づくりのいくつかを動画にして、ウェブサイトに掲載していることも、職人仕事への憧憬を促したに違いない。

現在、小椚さん夫妻のもとに通う小林さんもそうだが、採用の決め手は、「傘職人への熱意があるかどうか、本人のやる気につきます」と小宮社長。

傘づくりの経験はなくて当然。洋裁ができれば、それに越したことはないが、なくとも「やる気」、そして仕事を好きになること、一所懸命続けること、それが大切だという。

今はミシンを任されている小林さんも、最初は〝針に慣れること〟からスタートした。

「指貫なんて使ったことないでしょう? だからそれを使う練習。好きな子はわりとできるけれど、最初は、一針縫うことも大変だからね。ロクロを縫ってもらうことからはじめてもらうの。それからダボ巻きに」と富子さん。

「一刻も早く技術を習得したい、一日の作業ペースを高めたい」と思うのは弟子としての本音だろうが、「速さよりも、きちんとひとつひとつ丁寧にやることが大切。それが職人なんですから」と小椚さんが諭す。

「若い人にはね、二年は一所懸命やらないとダメだって言ってます。昔は、一人前になるのはもっと長かったけれど、今は時代が違います。『見て覚えろ』ではなく、ちゃんと教えますから二年でできる。小林さんは頑張っています。手伝ってくれて、本当にありがたい、助かってますよ」

――なるほど、そうか。小宮商店の徒弟制度というかスタイルについて合点がいった。

〝師匠と弟子〟というと一般に、なにはなくとも師匠に惚れ込み、無条件で奉仕して、その技術や業界のしきたりを教わるもので、師匠は絶対的な存在だ。でもここでは違う。そうした理不尽とはいっさい無縁だ。

師匠にとって、弟子とは「仕事を手伝ってくれる」人であり、弟子にとって、師匠とは「伝統的な傘づくりの技術を教えてくれる」人である。

そして小宮商店は、双方をつなぐ役割を担い、「高齢化した職人の作業をサポートし（生産量を補う）、熟練の技術を次世代へとつなげ」ていく。

手が足りない職人を手伝いながら、その技術を学ぶ。いずれ修業を乗り越え、一流の職人になることだって夢じゃない。

そうした新しい師弟関係がここにはある。

死んだ仕事はしたくない

小椚さんが傘職人のところへ奉公に出たのは16歳のとき、昭和24年（1949）のことだ。

親方のお子さんのお守りを三年、そこから傘づくりを教わった。

「親方が『裁断してみろ』と言うからやってみたところ、親方が包丁を抜いて、『俺はこんなふうに教えてないぞ』ってすごまれて。私の裁断はダメだったんですよ。昔は厳しいんです、甘くないんです。見て覚えるしかなかった」と言う。

だが、仕事そのものは昔のほうが楽だったとも。

「たとえばダボの布。今は生地の共布をダボにして、同じ色で縫い付けますが、昔は全部、白い布だった。生地の色に関係なく、ダボも糸も白でよかった」

今の時代、手づくりで質のいい傘が特別な存在であるから、ディテールに凝ってしかり。さらなる付加価値を持たせて、より購買意欲をそそらせるのだろう。また、インターネットなどの通信販売が増えたことも、仕事の手間が大変になった要因とも言う。

小宮社長は、「傘屋さんや百貨店で、実際に手にしてもらえれば、大きさや重さ、色、シルエットなどをご確認のうえ、お買い上げになりますが、ネットではそうはいきません。家に届き、梱包をほどき、室内でじっくりと見ますと、イメージの違いが発生したり、ごくわずかなキズをご指摘いただくことも……」と苦笑いする。

「昔は楽、今のほうが大変。今まで以上にしっかりとした傘をつくらなきゃダメなんです」と小椚さんは何度も力説する。

「きちんと仕事すること。手抜きしちゃいけません。そうすればいい傘ができます。私はずっとそうしてきました。しっかりとした傘をつくれば、たくさんの人に喜んでもらえるんです」

ダボ巻きひとつにしてもそうだ。

「3回からげる（結う、縫うの意）こと。1回で済ませる人もいるけれどそれは絶対にダメなんです。手間を惜しんだらいい傘はできません。私は、馬鹿のひとつ覚えでこれしかできないから。16のときから傘しかやっていないから、毎日同じことをしているだけです。きれいで使いやすい傘をつくるために、緻密な作業をひたすら繰り返す。根気のいる仕事です。今までも、これからも絶対に手抜きはしません」

小椚さんには、洋傘職人として終始一貫してきた、物づくりの姿勢と矜持がある。

なのに、私は失礼なことを言ってしまった。

「傘づくり以外の仕事を考えたことはなかったんですか？」と。

「考えたこともない。傘づくりしかできないから、私には仕事のほかにはなにもない。傘のこと以外、話すこともない。しっかりとした傘をつくる、手抜きをしない。それをするしかない。それを辞めたら、おまんま食っていけないべ」

そうだった。

小椚さんが生きてきたのは、「好きなことをスキルにしたい」だとか「やりがいある仕事に就きたい」「自分らしく働きたい」という、今のような生温い時代ではなかった。

いいものをつくるために、ひたすら働くこと。それが当たり前だった。

働くこと、働き続けること、次世代につなぐこと——年齢を重ねて経験を積むことは尊い。

「自分がいい仕事をしているかどうかは、職人なら誰でもわかる。それをおざなりにして、数だけを競うような、死んだ仕事はしたくない」

生涯現役という言葉が、これほどしっくりくる職人はいない。それが小椚さんなのだ。

二年前に、小椚さん夫妻を取材したとき、「あなたはどれくらい、その仕事をしているの？」と質問された。20年ちょっとですと答えると、「あらぁ、すごいベテランじゃない！」と言われて、とっても恥ずかしくなったことを思い出した。

私は私なりに一所懸命、仕事と向き合っているが、小椚さんのそれには……時間も質も気持ちも到底およばない。でも人生の黄昏時が近づいたとき、胸を張って「私はこれしかできないから」と言ってみたい。

小椚さんの、「使う人が喜んでくれる」ことを願っての物づくり。傘一筋、70年、ただただかっこいい。

02

小椚正一

1933年
群馬・邑楽郡生まれ

小椚富子

1936年
埼玉・加須市生まれ

小宮商店

東京都中央区東日本橋3-9-7
Tel：03-6206-2970
営業時間：10～18時
（水曜は～20時、土曜は～17時）
定休日：日曜・祝日
※土曜は月2回の営業（詳細はHP参照）

www.komiyakasa.jp

小椚さんご夫妻の傘はこちらで購入可能

普茶料理 梵

古川竜三

03

Ryuzo Furukawa

感動という〝勢い〟を出したい

大切にしていることはなんですか？

東京・台東区竜泉に長く店を構える「普茶《ふちゃ》料理 梵《ぼん》」のご主人・古《ふる》川《かわ》竜《りゅう》三《ぞう》さんに訊いてみた。

「素材を吟味すること。そして〝勢い〟ですね」という答えにちょっと驚いた。

いい素材を選ぶことはいわずもがな。が、梵のお料理は滋味あふれる、穏やかなおいしさで、「旨いだろう、すごいだろう！」と押し付けがましいものでは決してない。カラダの中心においしさと栄養がじわじわと伝わっていくような、そんなお料理なのである。

そして、ちょうどよい距離間のもてなしと、いつ訪れても変わることのない落ち着く空間――これが梵というお料理屋さんの印象だから、素材の吟味は理解できても、勢いというアグレッシブな言葉が意外に感じられた。

「感動という〝勢い〟を出せたらいいなと思っています。たとえば書道の達人の方の字って、うちの孫でも書けそうだなって(笑)。でも勢いがあるんです。それは盛り付けにも大事なことで。盛り付けひとつとっても画一的にしない。お料理の個性に合わせて盛り付ける。それも勢いです。なによりお客さまがおいしいと思って感動していただけるように」

料理の基本は「母の料理」

古川さんが供するのは普茶料理だ。東京で普茶料理をいただけるのはここ「梵」だけで、全国でも専門店は四軒ほどしかない。

普茶料理とは、江戸時代初期、京都宇治に萬福寺を開いた隠《いん》元《げん》隆《りゅう》琦《き》禅師が伝えた中国風の精進料理のこと。仏教の戒律に基づき、殺生や煩悩への刺激を避けることを目的とし、調理も食べることもすべて「修行」だ。

精進料理というと、動物性の素材はいっさい使用せず、質素で礼法に厳しいという印象を受けがちだが、普茶料理は〝普《あまね》く大衆と茶を供にする〟を語源とするだけに、飲食平等の趣旨を持ち、食そのものを楽しむものだ。

だからか、梵のお料理はおいしいだけでなく、楽しくもある。私にとってはリセット飯という存在だ。物心ついたときには慶事や法事は決まって梵だった。祖母の気に入りであり、「きちんとしていて、やさしくホッとする」という理由で選んでいたのだと思う。そして、いつまでもその印象はまったく変わらない。そんな梵のことを知りたくてあらためて取材を申し込んだのだった。

梵は昭和34年(1959)の春に、古川さんのお母さまが開いて今年60年を迎えた。現在は古川さんと奥さま、息子さん夫婦が店を切り盛りしている。

「このあたりは寺町ですから、精進料理のお店がいいだろうと自宅を改装してはじめました。最初から普茶料理でしたね。お寺さんのどなたからか『お精進なら普茶料理がいいよ』って聞いたんですかねぇ。でも、母はお寺で修行していませんから、家庭料理の延長でした。だから本筋とは違い、梵流の普茶料理になっているんでしょう。私自身は、小学生の高学年のときにはお手伝いをしていましたし、私の料理の基本は母の料理です」

　母・美重子さんは山形県鶴岡の医師の家に生まれ、東京の女学校に学び栄養士の資格を取った。お父さまは明治生まれで、宮内省御用達の袋物屋さんに丁稚奉公して独立。貿易などいくつかの仕事を経て和菓子の道へ。当時は浅草雷門のあたりで和菓子店を営んでいた。甘味屋さんの組合で取りまとめ役を務め、たくさんの方々に慕われたという。

「明治の人ですから、父の前ではいつも正座でした。父親に威厳があった、そんな時代ですから。でも怖い人じゃないんです。父からは人間愛、やさしさを学びましたね。人にやさしくするということは、まず自分を愛すること。愛することは大切にするという意味で。自分を大切にすることで、人さまにもやさしくなれるんです。そういうことを父から教わりました」

　そんな魅力的な父上だが、晩年は身体があまり丈夫ではなかったこともあって、お母さまが店をはじめたのだった。

当初から店にはお茶やお花、邦楽の先生方が出入りしており、おのずと古川さんはそれらに触れ学んできた。伝統的な文化の素養を身に付けたことは、梵という空間のそこかしこに生かされているという。

　そうした環境もあってか、古川さん自身はどちらかというと活発ではなく、「ここでじっとしていなさい」と言われれば、いくらでも待っているような子どもだったそう。

「四《し》緑《ろく》木《もく》星《せい》生まれなんですが、そのせいか植物が好きなんです。山も好きで。でも険しい山というよりも木々の間にいるのが好きでした」

　植物好きゆえに、営林署（現・森林管理署）の職員に憧れたこともあった。また美術にも関心があり、色彩学の美術史を学ぼうと考えていた。

　だが、古川さんが二十歳のころ、入退院を繰り返していたお父さまが倒れた。店の手伝いをしていた古川さんは、そうした事情もあって「そのまま、すーっと店に入った」という。

　そんな古川さんが調理を最初に覚えたのは中学生のとき。今は店に出していないが、かつての名物のひとつ、梵納豆だった。

「水戸納豆と胡桃を合わせてたたき、油炒りして醤油で味付けをして。前菜のひとつとしてお出ししていたものです」

　この梵納豆はお母さまのアイデアだ。当時、一緒に店を切り盛りしていた親戚筋の方と工夫して誕生したスペシャリテだった。

「母も、その方もお寺でお料理の修行をしていないんです。だから、うちのお料理はお寺の法に則ったものじゃなく、季節料理的なもの。でも普茶料理と名乗るからにはお寺のことも学びたいと思って、萬福寺に直談判して入ったんです」

心で味わうとおいしさは倍増する

　萬福寺での修行は半年ほど。雲水《うんすい》さん（禅宗の修行僧の意）たちと寝食をともにし、市場にも通って料理の勉強をした。余談だが、修行と修業の違いについてひと言。修行＝仏門における精神の鍛錬で、修業＝技術を身に付けることだ。本来、お料理には〝修業〟を使うが、ここではお寺さんに関わることなので〝修行〟となる。

　さて、萬福寺では調理の技術はもとより、関西ならではの〝ほかさない＝捨てない〟という精神も学んだ。それを象徴する料理が、必ず供される「雲片《ウンペン》」である。

　調理で出た野菜の切れ端を吉野葛で煮たもので、野菜を余すところなく使い、ひとつの命（お料理）として生かすのだ。旨みを吸い込んだ、やわらかな野菜と、とろみのある餡との一体感がすばらしく、するするといただける。何杯でもおかわりしたいほどおいしい。

「ほかにもたくさん萬福寺で習い、引き継いだものもありますが、うちとは、そもそもスタートが違うので、あくまでもうちは梵流です。だから自由な発想でお料理できるんです」

　たとえば春巻き。お邪魔したのは5月のことで（お料理は月替わりで内容が変わる）、フキの春巻きだった。一般にお肉感を出したいのならば、大豆たんぱくを入れるが、あえて使わず〝フキと春雨〟のみ。中国の香酢に、五香粉（シナモン、クローブ、花椒、フェンネル、八角、陳皮などを混ぜた香辛料）を入れて、徹底的に中国に近づけたという。

「ところが、中国でフキは食べないんです。だから和洋折衷になっちゃった。でもね、そういった発想がうちなんです。自由といえば自由で、だから奇想天外な献立もありますよ」

自由さゆえに、普茶料理では一年中献立を変えないが、梵は季節感を重視している。

「前菜は、『今の季節はこれです。これからこういうシーズンになりますよ』という一皿にしています。走りをお出しするというか、そういう意味でもお花も取り入れて。そうした季節感を大切にしています」

盛り合わせ（梵では「筝羹《シュンカン》」という）には、お麩のしぐれ煮が定番で入るが、それも飽麩、蛤麩、栄螺《さざえ》麩といったように季節によってちょっとずつ変わる。一月ならばお正月のおめでたさを出すために新海苔を合わせ、それを青ゴケに見立て、新年の初々しさを表現。ここにも古川さんらしさがあらわれている。

「こじつけなんですけどね（笑）」と謙遜するが、お客としては、そうした説明があるからこそ、素直に梵の世界に入っていけるのだ。

「精進料理も普茶料理も〝心のお料理〟なので。心を閉ざしていると、おいしさを感じられません。楽しく召し上がっていただかないと、身にも栄養にもならないしお味もわからない。『心で味わっていただくと、

同じお料理でも倍増しますよ』とお話ししています」

つくり手にとっても食べる側にとっても、心のありようが大切だと実感できるのが梵のお料理ということ。どんなお料理が出るのか、コースの流れを、懐石料理と対比して記してみた。

懐石料理の場合

- 一品目＝先付
- 二品目＝お凌ぎ
- 三品目＝お椀
- 四品目＝向付
- 五品目＝八寸
- 六品目＝焼き物
- 七品目＝炊き合わせ
- 八品目＝ごはん
- 九品目＝水菓子

普茶料理（梵）の場合

- 一品目＝小丼（シャオピン）＊前菜
- 二品目＝澄子（シャンツ）＊吸物
- 三品目＝筝羹（シュンカン）＊盛り合わせ

・四品目＝雲片（ウンペン）　＊吉野煮
・五品目＝温菜（オンサイ）　＊煮物
・六品目＝蔴腐（マフ）　＊胡麻豆腐
・七品目＝油鎹（ユシ）　＊揚げ物
・八品目＝素汁（ソジュウ）　＊味噌汁
・九品目＝醃菜（エンサイ）　＊香の物
・十品目＝飯子（ハンツ）　＊ごはん
・十一品目＝水果（スイヅ）　＊果物

聞きなれない文字が並ぶ。中国を起源としているため中国語読みが多いが「コッテリ中華」とは真逆で、旬のお野菜に野草、豆腐、胡麻油を使い、素材の持ち味を存分に活かしたものばかり。

こう書いているうちに、たまらなく梵に行きたくなって出かけてしまった。食い意地が張っているが仕方ない。この日いただいたなかでは、三浦南瓜のお吸い物、苦瓜と百薬草和え、雲門冬瓜もろこし衣、鮑椎茸煮物椀がとてもよかった。

あらためて、お料理をいただき、古川さんのお話をうかがうと、何事においても「心」が大切だと実感できる。

その心であるが、じつは古川さんは、実のお兄さまの急死をきっかけに鬱になったことがある。その間もいつも通りに営業なさっていたから、まったく知らなかった。

「自殺願望じゃないけれど、命を閉じてしまいたいと。当初はなにがきっかけで鬱になったかはわからなくて。でも、おもしろいですね、精神って。ポジティブになれないまま一年半。きれいなものを見ても、美しい新緑を見てもすべてモノクロに見えていたの。視覚的には、緑は緑とわかっているのに、心に響くものがモノクロだったんですよ」

それはおつらかったでしょう……。

「つらいというか、感動もなにもしなかった。仕事はしていましたが、一年半はどこにも出かけず、休みの日はずっと寝ていました。眠ることができないんだけどね。不思議でした。心の風邪だったんでしょうね」

時間が解決してくれたのか、古川さんは回復した。そして、そうした経験があるからこそ、さらにおいしく、さらにやさしくなった。——なんてことを軽々しく言えるはずもない。ご本人、そして家族にとって、どれほど大変だっただろうか。

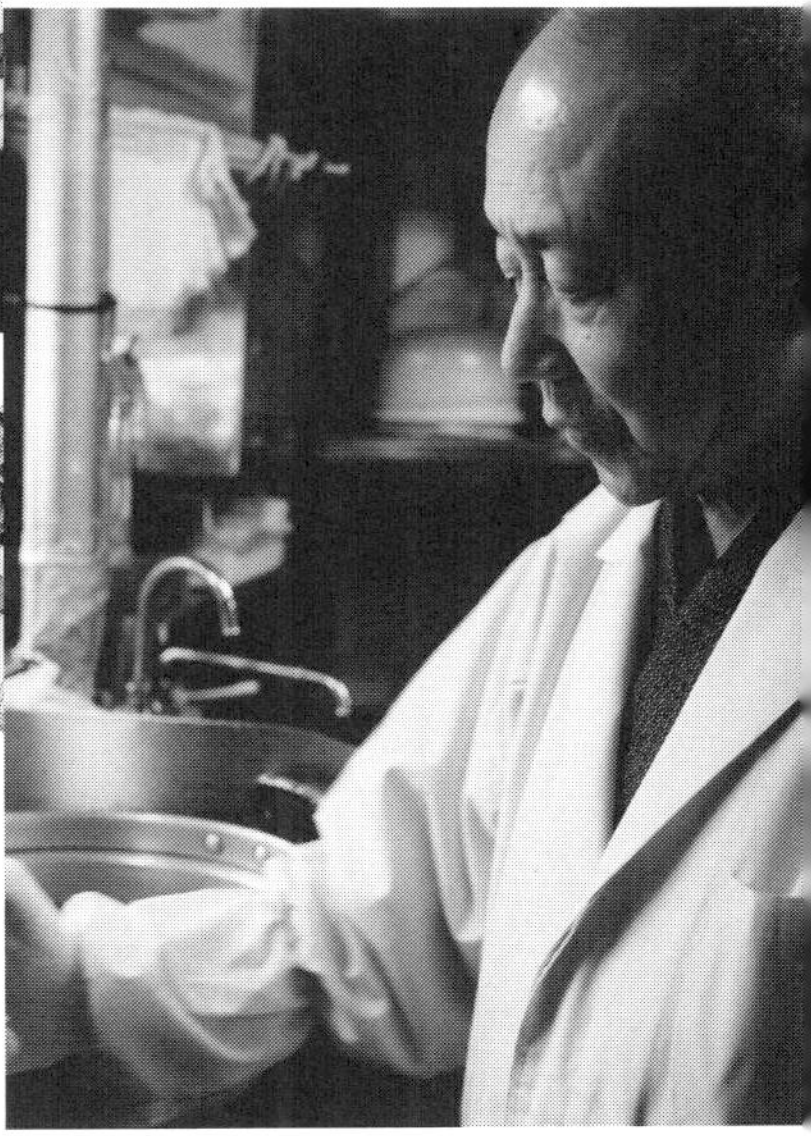

私が子どものころから憧れていた「梵」の厨房でお話をうかがった。職業柄、あちこちの厨房を覗いているが、こんなにも緊張し興奮したのははじめてだ。古川さんが調理なさる姿は想像通り、たおやかだった。

「命は短いから、できることが限られています。どんなに偉い方でも名声を遺された方でも、やがては忘れられていくし、歴史の一ページになってしまう。だからね、生きているうちに輝きたい。どう輝くかは人それぞれ。でも楽しんで生きなければ損ですよ。せっかく生まれて、ごはんもいただけて。この身の上を感謝しないとバチが当たります」

ひたすら濾して、ひたすら練る

せっかくの機会だから古川さんに、「蔴腐」と呼ばれる胡麻豆腐のつくり方を教わった。

はじめて入る厨房にときめく。〝取材のため〟だから、ここには古川さんと私しかいない。静謐だ。窓の外には西徳寺《さいとくじ》さんが見える。

「萬福寺にいたときもそうなんですけれど、お寺を眺めながら仕事するのがいいんです」と、粛粛と仕事をなさっていく。

胡麻豆腐は普茶料理の基本中の基本。おいしさの要は、国産の、とりわけよい胡麻を選ぶこと、これに尽きる。あとは昆布と吉野葛だけ。こちらも素材を吟味している。

「昆布出汁で葛粉を溶いて、すり潰した胡麻をよく混ぜて。それを鍋に移してガス台で煮ます。その前に味をつけるんですが、塩と甜菜糖です。それしか使わないんですけれども」

胡麻のエキスを昆布出汁に移すべく、ひたすら濾す。

「すり潰しているとはいえ、まだ殻のほうにエキスが残っていますからパーフェクトではありません。揉むことによって余すところなく搾り出し、昆布出汁に伝えるんです」

何度も何度も濾すという手作業が続く。つくっていただく胡麻豆腐の大きさは、取材用ということもあって少々小さめだ。が、「もう、いいのでは?」と声をかけたくなるほど、延々と濾していく。市販の胡麻ペーストを使えばラクだろうし、ほとんどの店では、市販品を使うが、生の胡麻でなければ、本来のおいしさが出ないし、材料である胡麻の産地を選ぶこともできないそうだ。

たしかに。よその胡麻豆腐と異なり、梵の胡麻豆腐は旨みと香りが強く、喉を通るときにしっかりと胡麻のコクが感じられる。すっきりとしていながら力強い。

胡麻という生命のパワーがみなぎっているような。「ほら、こんなに透き通ってきました。殻のエキスが出きったようです。搾った胡麻は、あるものに使います。ここにもまだまだ胡麻のおいしさと栄養分がありますしね。うちは精進料理なので捨てることがないんです。ナニに使っているかは企業秘密（笑）」

濾したあとは火にかける。この作業に移るまでの、ほんのわずかな時間にボウルやサラシ布など使ったものをテキパキと片付けている。まさに段取りの達人だ。「でき上がったときには、すべてが片付いていないといけません。料理人はつくりながら片付けをする。そうしないと仕事が滞ってしまいますから。ひとつのことに集中するのも大事ですが、限られた時間をいろんなことに使わないと間に合いません」と、銅鍋を火にかけ、固まるまでひたすら煮る作業へと。

一定のリズムでヘラを回し練り上げていく。全身作業だ。ラクなわけがない。つねに手は腱鞘炎。気温や湿度の違いによって固まる時間が変わるから、鍋から目が離せない。

この鍋の大きさだと15分。大きい鍋の場合、30分は練りっぱなしで、「瞑想にふけったり、スクワットするのにちょうどいい」そうだ。

でき上がると容器に流し入れて、室温にしばらく置くという。すると、鍋にちょっとだけ残った、できたての胡麻豆腐を「ハイ！」と渡された。熱々の胡麻豆腐なんてそうそう口にすることなんてできない。

「おいしい、すごく濃厚！」と思わず大きな声が出る。

「ここ、煮つまったところですから、味が濃いのです」

――はい、まさしく、おいしい！

一品をつくるのに材料を吟味し、丁寧に作業する。古川さんは、毎日それを続けている。

技術じゃなくて〝心〟

店主として料理人として、梵のすべてを見る古川さんの朝は早い。5時には自宅を出発して豊洲の青果市場へと向かう。ひとつの仲買にすべてを任せるのではなく、一軒一軒をまわり、自分の目で素材をたしかめて仕入れている。

「材料主義なんです。椎茸を買うにも10軒以上まわりますし、さつまいもが欲しいときは一箱一箱開けて、さつまいもの顔を見て。だから〝とんび〟って言われているみたいですよ。つまみ食いをしながら買っていますから。電話一本で済ませてしまうお店もありますが、それができない。ケチなんです（笑）」

　豊洲から帰ってくるのに、ゆうに3時間はかかるそうだ。戻ってきたら、先に仕込みをしている息子さんたちに加わり厨房に入り、また樹木の手入れもなさる。その間、客室の準備などは奥さまらが進める。

　そうこうするうちお昼の営業がはじまり、午後3時ごろにひと段落する。

「ここで休憩時間になりますが、私は支度をしたり、買い物に行ったり。夕方の5時にはお水撒きをして、5時30分にお客さまがいらっしゃいます。閉店の9時までは調理場とお客さまのところを行ったり来たりと気が抜けません」

　すべての仕事が終わるのが、平均すると零時半ごろ。そのちょっと前にお向かいにある銭湯に行くのも日課だそう。朝は5時に出発するとなると、睡眠時間は3時間程度と短い。たくさんやりたいことがあるから、時間がいくらあっても足りないと言う。

　さて、冒頭で「大切にしていること」を訊いたが、素材の吟味と勢いのほかにも、古川さんにはたくさんの〃大切〃があり、随所にその言葉が出てくる。

「うちの料理はね、楷書や行書ではなく、あくまで草書です」だとか、「無理なく無駄なく油断なく」だとか、「リズムに乗る」だとか。そして、ひとつひとつに対して、丁寧に言葉を続けてくださる。

「リズムに乗れないときは、次の波が来るまで待っていればいい。だって、行ってしまった波をいくら追いかけてもダメでしょ？　昨日のことを悔やんでもどうにもならない。明日の朝を待てばいいんです」

　なるほど、ストレートに響く。では、そんな古川さんが考える、料理人に向いている人とは？

「やはり心。技術じゃなくて〃心〃があるかどうかです。拙い料理でもいいから、心があれば、多少、包丁が下手でも光る。冷たい人はいくら包丁が切れても、できた料理はきっと冷たいと思います。そんな気がします。『どうだ！　食べてみて！　おいしいだろう！』という姿勢はお客さまに伝わらないと思う。うん、心がやさしい人がいいですね」

　現在は、古川さんが母から受け継いだこと、そしてそこに積み重ねられた、古川さんの想いや技術とともに、息子夫婦たちにつないでいる真っ最中だ。「安泰

ですね、お客としても安心です」と伝えると、

「そうであればいいんだけれども。息子は関西の調理師学校を出て、京都の料亭で修業していたこともあって、丁寧すぎるかな、きれいすぎるかも」

それは……古川さんが大切にしている〝勢い〟を、

「出してくれればね。でもいずれ私は亡くなっていく人間だし、息子がやるとすれば、また違う『梵』があるでしょうし。徳川の将軍さまだって、歴代でカラーが違うでしょ。受け継ぐものがあってもいいし、なくてもいい。いいんですよ、それで。それにあと10年後には天上の人になろうと思っていますから。うちの父も祖父もふたりとも77歳で他界しています。だからあと10年、頑張れたらいいかな」

03

古川竜三

1952年
東京・台東区竜泉生まれ

普茶料理 梵

東京都台東区竜泉1-2-11
Tel：03-3872-0375
営業時間：12〜15時（L.O.13時半）
17時半〜21時（L.O.19時）
日曜祝日の夜は17〜20時（L.O.18時）
定休日：水曜・年末年始・夏期休暇

fuchabon.co.jp

橘流寄席文字・江戸文字書家

UNOS

橘右之吉

04

Unokichi Tachibana

文字を書くという仕事

文字を書く仕事と、本をつくる仕事。似ているようでまったく異なる。が、なぜか私はどちらの職業にも憧れていた。そして、一応……思惑通り、本をつくる仕事には就いている。

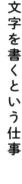

文字を書く仕事といえば、賞状、式辞、熨斗《のし》、垂れ幕などに毛筆で文字を書く筆耕や、販売促進のための店頭を賑やかに飾るPOP広告か。自在に文字を操り、スペースをデザインする様はかっこいい。とくに衝撃を受けたのが、いわゆる江戸文字だ。

百貨店の催事かお料理屋さんか、神社の千社札、祭りの提灯、歌舞伎座、それとも浅草の演芸ホールだったか。あ、『笑点』のオープニングかもしれない。書道塾で習う楷書、行書、草書とは違い、迫力があって、おめでたさもあり、ともかく、江戸の粋を感じさせる。それらが活字ではなく、手書きであることを知り、ますます思いを募らせていた。

いろいろ見たり調べたりするうちに、歌舞伎は勘亭流で相撲は根岸流、落語は寄席文字（橘流）というように、それぞれ違いがあることがわかった。それらを知れば知るほど、自分で書いて、それを生業にするのは無謀だと気が付き、「文字は見て楽しむべし」となったのだが。

そうした江戸文字のなかで、いつどこで目にしても、「これはもしや……」と足を止まらせ、「やっぱりカッコイイ」と思わせてくれるのが、橘右之吉《たちばなうのきち》さんの文字、そしてデザインだ。国立劇場や国立演芸場のポスターをはじめ、浅草寺の提灯「志《し》ん橋《ばし》」、浅草鷲神社の酉の市、東都のれん会、平成中村座、大江戸温泉物語、神楽坂の文ちゃん、日本橋の喜代川、なぎら健壱さんの書籍など、その仕事は枚挙にいとまがない。

じつはなぎらさんと私はご縁があって、13年ほど前に連載を担当して以来、いくつかの書籍をつくり、また遊んだり、勉強させてもらっている。知り合った当初、なぎらさんが携帯電話に付けていた〝木の札〟が気になった。携帯ストラップのようだが、違う。柘植の木に名前が漆で書かれており、なんとも粋だった。果たしてそれは「消し札」といった。

火事と喧嘩は江戸の華と云われた昔、延焼を防いだ折に町火消しが、その組名を記した札を掲げたのが「消し札」の由来だ。ここには「纏《まとい》とともに後へは引かぬ」という町火消しの心意気が込められていた。その「消し札」をつねに身に付けられるよう小さなサイズに仕立てたのが右之吉さんなのだ。……と、なぎらさんから教えられた。また、驚くことに、右之吉さんとなぎらさんは、江戸文字に関しての〝師弟〟でもあった。

消し札のほかにも、千社札シールなど、右之吉さんが考案したアイテムはいくつもある。しかもこれらは、オリジナルでオーダーができるのだ。ポスターやフライヤー、看板、商品ラベルなどで「見るだけ、眺めるだけ」しかできなかった〝憧れの文字〟を自分だけのモノにできるなんて！　自分の名前であったり屋号だったり、はたまた贈り物にしたりなど、憧れの文字を身近な、愛着の持てる品に……というのは文字好きにはたまらない。ちなみに、私のはじめての消し札は、なぎらさんが主宰する写真愛好会の会員証でもあった。

　そして一昨年、ようやく自分でオーダーができた。なぜ〝ようやく〟かというと、それまでは「まだ早い、分不相応だ」と思っていたから。とはいえ、この数年でなにか特段成長したわけじゃない、けれど。

　表は、文筆の意を持つ「ぶん筆」を飾り文字に「真由子」という江戸文字を。反対側は愛称である「やままゆ」にした。右之吉さんのアドバイスで、二番目の『ま』は『満』の字を当てることに。すごくいい字でおめでたい。

　また先日は、ある作家先生の累計百万部のお祝いとして、千社札シールをつくりプレゼントしたのだ。デザインも文字も右之吉さんにおまかせした。江戸の長屋を舞台にした人気小説シリーズのイメージそのまま、いい千社札になっていた。そして、人に贈ることで、ちょっとだけ、自分が〝江戸の風〟を伝えられたかも、と思えた。

鳶頭の息子が寄席通い

右之吉さんは、酉の市で知られる浅草鷲神社のすぐ近くで生まれた生粋の浅草っ子だ。吉原も目と鼻の先。実家は、鳶《とび》の頭《かしら》で、まさに江戸の粋を体現している人でもある。

　鳶頭《かしら》のルーツを探ると、これまた江戸期の町火消制度にたどり着く。享保3年（1718）に、「火災が起きたら、風上および左右二町以内から、火消人足30人ずつ出すべきこと」と南町奉行大岡越前守が発令し、町人で構成される町火消組合が生まれたのだった。この30人の職業はいろいろあったが、なかでも火事場で活躍したのが「鳶職人」である。鳶といえば、大工、左官と並ぶ、江戸の花形職業のひとつ。ふだんから高いところに慣れていることもあって、屋根の上で纏をふり、火に立ち向かっていた。そのうち、町火消しは鳶職人のみで編成されるようになり、その二年後、「いろは四十八組」と本所・深川の「十六組」となったのだった。

　明治に入ると、町火消しは東京府が管轄することになり「市部消防組」と名を変え、明治14年（1881）には東京警視庁の管轄に。昭和には、消防のほか防空の任務もプラスされた。現在も、お正月の風物詩のひとつでもある梯子乗りを行う消防出初式も、鳶頭が担い、地域の祭りに欠かせない存在だ。黒地の袖が赤筋に染まり、背中には組名（二番など）を示す役半纏。腹掛け、股引、紺足袋、雪駄の粋な鳶頭たちの姿は〝粋〟という言葉以外のなにものでもない。

また祭礼の際、鳶頭は、御仮屋《おかりや》という御神輿を飾る建物や神酒所を設営し、御神輿のすぐそばにいて、町会の人たち（担ぐ人たち）のサポートをしている。ほかに、年末の門松や松飾りづくりも鳶頭の仕事だ。ホームセンターやスーパーでプラスチックのお飾りを買うなんて野暮の極みである。こんなふうに、鳶頭は昔からの行事に欠かせない、いわば地域の〝なんでも屋さん〟だ。

もうひとつ馴染み深いものといえば、酉の市の縁起物である「熊手」だろう。鷲神社の境内には相当な数の熊手があるが、右之吉さんのご実家「よし田」さんだけは、伝統的な技法で唯一無二の宝船熊手をつくり続けている。酉の市では右之吉さんも時間があれば店に立ち、購入した熊手に名前を書いてもらえる。これだけでもご利益が倍増するというものだ。よその熊手のなかにはケミカル素材でつくられたものもあり、そんな熊手じゃ、ありがたみも偽物としか思えない。

それにしても鳶頭の家に生まれながらも、右之吉さんは跡を継がなかった。

「高いところがダメだったんですよ。中学のときに手伝いをさせられたんですけれど、怖いからどこかにつかまっては屁っ放り腰で。力仕事も向いてなく、セメント一袋《いったい》も持てなかった。そんな状況でしたから、親もあたしには期待せず、たとえ継いだとしても、若い衆《し》にバカにされるでしょうから、早々に親もあたしも諦めました」

そこから、どのような経緯で「文字」の世界に入るかというと、

「五、六歳のころ、じいさんと通っていたお湯屋ですかねぇ」

お湯屋（銭湯）と文字の関わりはというと、当時（昭和30年代）の銭湯は大いなる社交場であった。近所の人たちとの交流はもとより、さまざまな宣伝広告が貼り出され、そのなかには寄席のポスターもあった。

今のように、どこでなにがかかっているのかがネッ

トで瞬時にわかる便利さはない。となると、人が多く集まる銭湯は、格好の宣伝スペースであり、そこに興業場所や時間を報せるビラがあった。で、それを見て、せがんで連れて行ってもらったのかというと。

「それもそうなんですが、それよりなにより湯に浸かっているときに、じいさんがあれこれ教えてくれるんです、落語のことやら芸のことやら、世間のことやらを。あったまるまでにナニナニを覚えろ、なんて言われるもんだから、覚えてしまった」

湯船で培った知識——今は誰のなにがいいだとか、聴いておくべきだなんてことを寄席小屋で発揮する。幼稚園児だというのに、すっかり贔屓の落語家がいたほどだ。お住いの土地柄、浅草に聴きに行っていたんですかと訊くと、

「浅草六区も行ってたけれども、人形町。とっくの昔に閉まっちゃった『人形町末廣』が好きだったねぇ」

人形町末廣とは！　落語好きや通の大先輩方がみな口をそろえて「昔ながらの風情がたまらなくよかった」と評する、幻の寄席である。

「そう、客席は畳敷きでね。うちからは日比谷線で一本だから通いやすくて。志ん朝師匠がまだ二ツ目でね。志ん生、柳好も見ましたねぇ。人形町のほかにも、うちの商売柄、芝居や寄席の『ビラ下』をたくさんいただくんです。ビラ下というのは招待券のことです。おかげでこの当時のサブカルチャーにどっぷりと」

そうして寄席や芝居小屋に通い、看板や幟《のぼり》、ビラやめくり（高座で、演じる落語家、芸人の名前を書いた紙）を見るうちに、江戸文字に興味を持つようになったそうだ。

昭和30年から40年代は落語の黄金期。金原亭馬生、古今亭朝太（のちの志ん朝）、柳家小ゑん（のちの立川談志）が活躍していた時代だ。しかも、志ん朝と談志の、若くエネルギッシュだったふたりの高座をリアルに見ていたとはなんともうらやましい。

「ありがたいねぇ。本当、よかった。若い子が、談志ファンなんて言っても、小ゑんのころを知らないだろ、談志師匠の全盛期を知らないだろ、ってね。で、好きが高じて落語家に、なんてことは考えず。まあ、学校の落研で真似事をしたりはしたけどね」

噺そのものにもハマったが、右之吉さんを魅了したのは、その文字だった。寄席のビラを真似して書いたり、自分で顔付け（どの落語家を、どの順番で登場させるのか）を考えて、ビラをつくっては人に見せ、

「ほめられるとうれしくて、また書いちゃう（笑）」

ということを繰り返していた。そのうち、

「親が『そんなに好きなら、ちゃんとした師匠に就いたほうがいい』と。たまたま伯母が嫁いだ家の隣に、橘右近師匠が住んでいまして。だから話も早く、伯母の仲立ちで、四番目の弟子になりました」

　昭和41年（1966）、右之吉さん、16歳で入門となったのだ。

江戸職人の心意気

　修業期間はというと、師匠の家に通い、ひたすら師匠に接して、文字を書くこと。それに尽きた。印象に残っていることの筆頭は、

「師匠に〝ものさし〟を取るように言われて。なんの疑問もなしに手渡そうとしたら、ピシャリと手の甲を叩かれましてね。『ものさしは、脇に置くもんだ！』と怒られました。なんでも、手渡ししていいのは、経《きょう》帷子《かたびら》を縫うときだけなんですって」

　経帷子は死装束、亡くなった人が着るものだ。また、ものさしの〝さし〟は刺すに通じることからも、直接手渡しすると、それは刃物を向けたという意味になるからタブーという説もある。16歳の小僧が知らなくて当然。だが、痛さとともに、そういうひとつひとつを覚えていく。それが修業だった。

　師匠・右近さんは、橘流寄席文字を開いた人物にして、寄席文字を現代に甦らせ、文化として確立した。

寄席の看板やビラといわれたポスターの文字は、江戸時代から専門の職人が書いていた。が、そのうち寄席の軒数が減ると職人もいなくなり、各寄席が適当、といってはなんだが、〝それふう〟に書いていたそうだ。

　かつては統一感ある文字だったのがそうではなくなった。だが、江戸の寄席にまつわるモノを収集し研究を重ねていた右近さんは、往時の名人（ビラ辰という人がいた）のスタイルを踏襲するようになる。

「江戸から昭和の戦後ぐらいまでは、寄席の書き物をビラ字と呼んでいました。それを〝寄席文字〟とあらためたのが師匠です。家元制にしたのは、うちの師匠が一番弟子を取ったときに、黒門町の師匠（桂文楽のこと）が『弟子ができたんだから家元になんなよ』とおっしゃったのがきっかけとなったそうです」

　橘流寄席文字は、歌舞伎の勘亭流、相撲の根岸流、

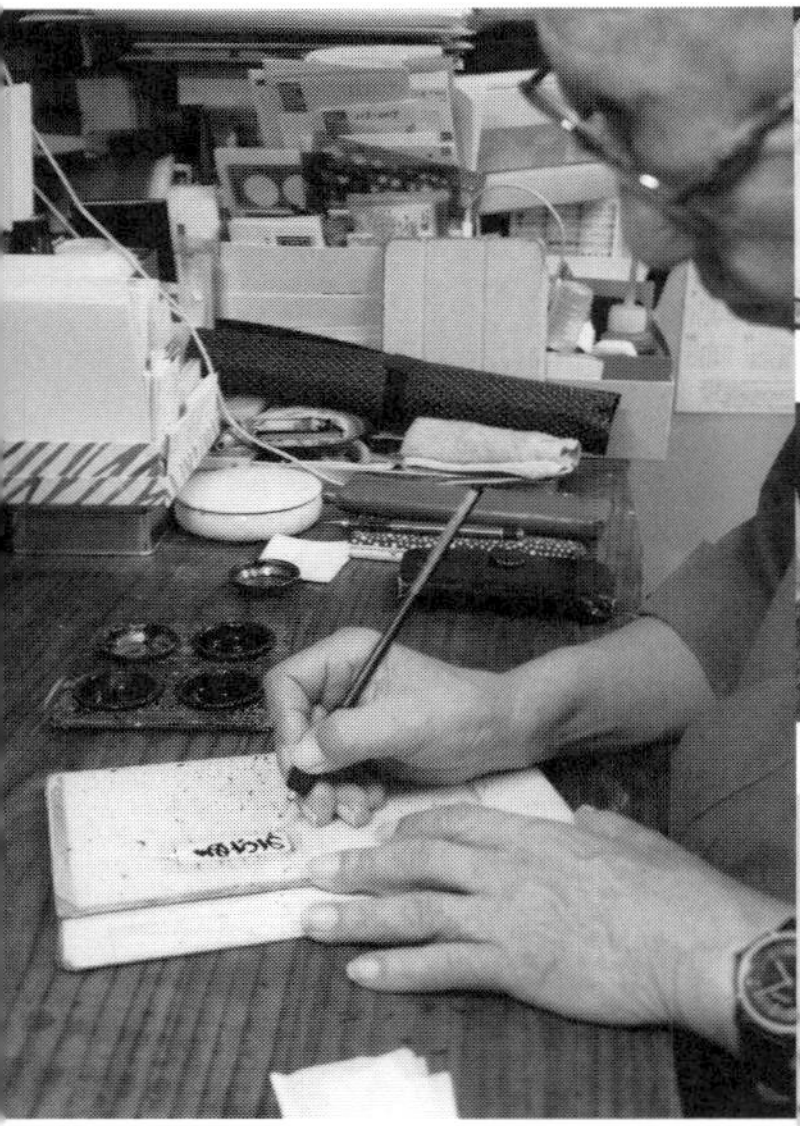

三田光政

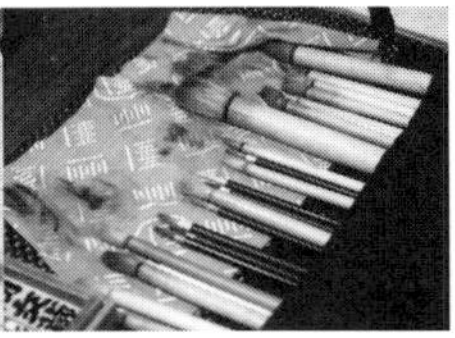

100万
富山健二

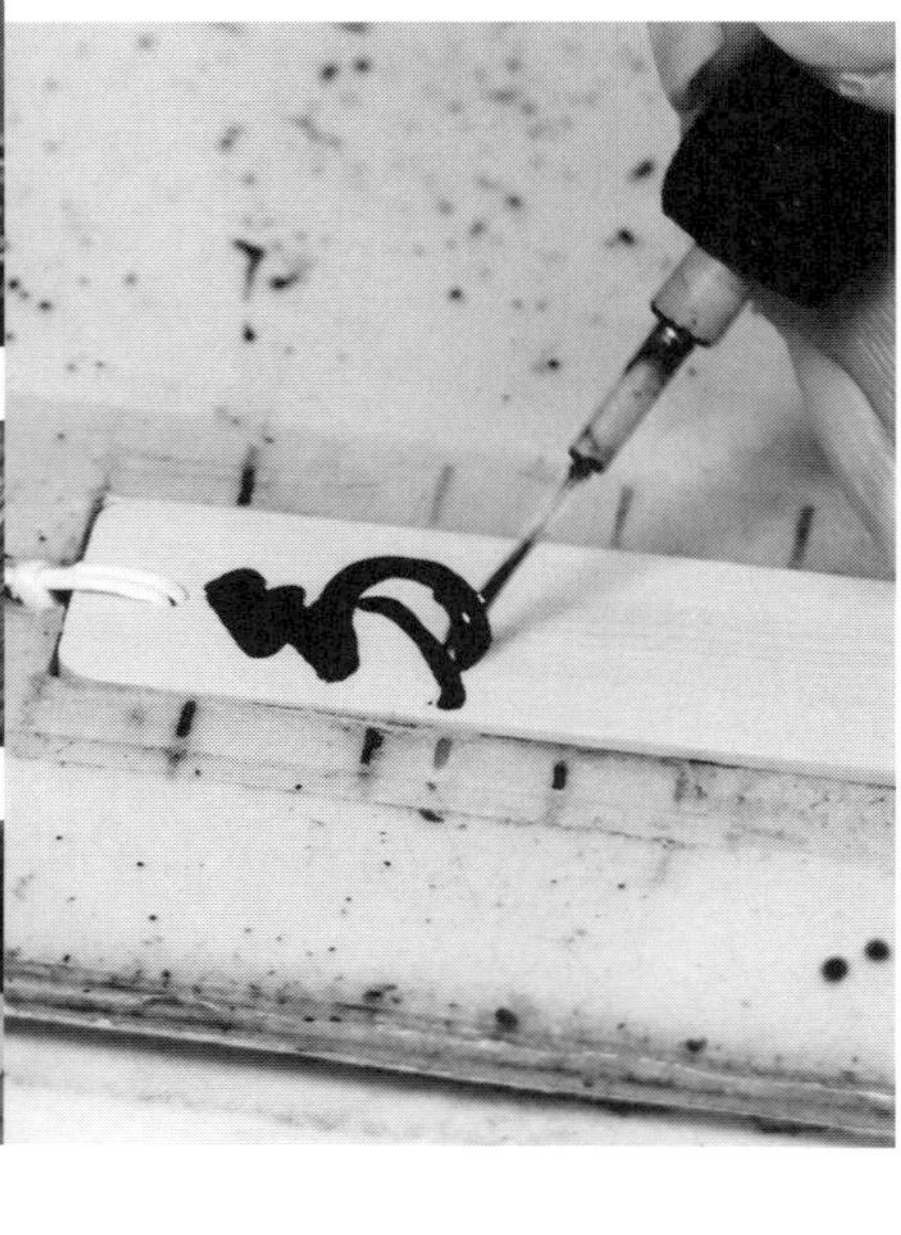

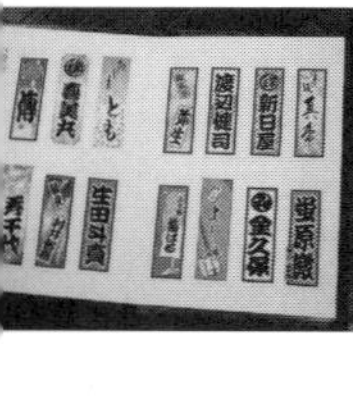

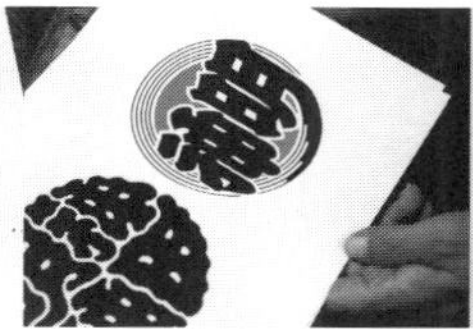

一気にひとつの品を完成させるのではなく、複数を同時進行させている。いろいろなことをすることで、新しいアイデアも生まれ、また仕事に飽くこともない。ツーショット写真は、神宮前「おけいすし」のご主人と。

千社札などの江戸文字と並ぶ江戸文字四体のひとつ。右近さんの直弟子は、右之吉さんを含み15名、孫弟子は、右之吉さんの弟子・吉也さんを含め3名だ。

ところで、橘流は寄席文字だ。寄席ということは落語や色物を演じる場所である。けれども、右之吉さんは歌舞伎の世界でも活躍しているし、さらには伝統芸能だけじゃなく、さまざまなジャンルで文字を書き、デザインもしている。

なかでも、スイスの「ビクトリノックス」とのコラボモデルは、右之吉さんじゃなきゃ誕生しなかったと思う。ビクトリノックスは、アウトドア好きにはお馴染みの万能ナイフ（マルチツール）がつとに知られており、近年はアパレルも展開して、ビジネスパーソンからの支持も高い。このコラボモデルはエボウッド製のボディに、右之吉さんが文字を書くというもの。

「消し札」と同じように、本漆を何度も重ねてつくるため、完成に何カ月もかかるが、自分だけの一本になり、しかも使うごとに艶が出て味も出る。これ、日本でも話題になったが、それよりも外国で受けたという。

「ビクトリノックスは〝美句鳥納久寿〟というように漢字を当ててね。アレンさんなら〝亜連〟さん、カーターさんなら〝稼多〟さんとしたり。外国のお名前を漢字にするというアイデアは、勘三郎さんの『平成中村座』のニューヨーク公演が最初でしたねぇ」

七年前に亡くなられた十八代目中村勘三郎さんのことである。右之吉さんとは公私ともに仲がよく、平成中村座はもとより、さまざまなところに、おふたりの姿があった。

「彼は悪筆だったんだよ（笑）。でも、勘三郎襲名前の勘九郎時代にさ、『勘三郎ぐらいはちゃんと書けるようになりたい』って、あたしが提案したサインの稽古を一年ほどしたんですよ。忙しい人ですから、空き時間に楽屋でね」

勘三郎さんとのエピソードも多々あるが、勘三郎さんの盟友、坂東三津五郎さんとのご縁も深い。今でも、人気アイテム「千社札シール」は、三津五郎さんが流行らせたと言っても過言ではない。シール開発のきっかけそのものは談志だった。

「16で入門して、19で〝右之吉〟の名前をもらって。師匠から『自分にしかできない飛び道具を持て』と言われました。ウリとなる技とモノを、ということです」

独り立ちしてすぐ、「どんなモノでも書こう」と決め、いろいろな文字を書いた。ご縁もどんどんつながるうち、自分の飛び道具は「江戸文字の可能性を広げること」だと思い至った。そこで考えたのが、千社札を三分の一ほどの大きさにしてシールにすることだった。

「談志師匠がお持ちになっていた千社札シールが、一丁札という昔ながらの一色刷りでサイズも大きかった。で、これを名刺代わりに配るなら小さいほうがいいなと、43年前につくりはじめたんです」

ここに、どう三津五郎さんと関わるかというと、

「我ながら、いいアイデアだと思ったけれども、すぐには売れなかった。で、三津五郎さん、当時は八十助さんとお座敷に遊びに行ったとき、いや、仕事で行ったときに（笑）、舞妓さんや芸妓さんに、八十助さんがアピールしてくれて……」

千社札シールの活用法を八十助さんが、お座敷でレクチャーしたのだった。つまりはこうだ。舞妓さんや芸妓さんがお客さんの財布の内側に、このシールを貼る。そのときの文句が、「お札が舞い込む」だ。では芸妓さんの場合は？　そう、元・舞妓なのだから「もっと舞い込む」と。この洒落が受けて、バッと花柳界に広まったという。それが東京や京都の花街《かがい》にも受けるようになった。

「京都祇園をはじめ、東京六花街の芸者衆からも、『名刺代わりに便利』と注文が殺到しました。花街の人たちだけじゃなく役者や落語家、芸人さんにも流行りましたね。さて、〝東京六花街〟はどこでしょ？」

赤坂、新橋、浅草、神楽坂、向島……えーと、と窮していると、

「残念。向島は、柳橋がなくなってから入ったの。そもそも六花街は江戸時代に起源を持ち、明治以降に発展した花柳界のこと。整理しますと、柳橋、芳町、新橋、赤坂、神楽坂、浅草を指しました。ちなみに芳町は中央区にあった旧町名で今の人形町あたりのこと」

というように、会話の端々で、江戸や下町の蘊蓄《うんちく》を教えてもらえるのもありがたい。投扇興《とうせんきょう》のことや雑俳《ざっぱい》のことなど、今ここで聞いておかないと風化してしまうこともたくさん話してくださる。仕事人であり趣味人。理想をそのまま具現化した、江戸の職人だ。

さて、人気が出ると、それを真似するものも出てくるのが世の常。千社札シールも類似品が多く出まわっている。最初《はな》から右之吉さんの品（文字）にふれていればわかるが、類似品は本物とまったく違うし、本物

を超えることがない。安易な発想でチープだ。ただし、値段は本物の十分の一以下ぐらいだが。

「江戸文字四体を模したフォントは多数あるからね。パソコンを使えば、誰でも〝らしく〟つくることができる。でもバランスが悪いし、文字の意味を理解していなかったり、縁起をかついだり洒落を利かせることもない。お客さまに提案できる引き出しもないと」

　と、類似品、いや偽物には厳しい。そうしたものが乱立したころ、「偽物ばかり出てきて弱ちゃったよ」と勘三郎さんにこぼすと、

「いいと思うから真似をするので、よくなかったら誰も真似しない。芸でもなんでも真似されるようになりゃあ本物なんだ。喜ばなきゃ」と諭されたという。

　しかも、「偽物のほうが、本物よりよくなったら、やめたほうがいいよ」とも言われたそうだ。辛辣だが真意であり、信頼し合っている友だから言えることだ。そして、本人がトップランナーとして、ひた走っているからこそその言葉でもある。

技と、自分の飛び道具

　右之吉さんの工房は、湯島天神の目の前にある。屋号は「ＵＮＯＳ」。ここを拠点に文字を書いている。文字だけでなく、エディトリアルデザインも行い、企業や商品のロゴタイプ開発も手がける。また、有名百貨店の催事で全国各地も行脚している。「江戸の職人展」といった企画はもう何十年もの常連だ。

　プライベートはというと、奥さまとふたりの息子がいる。長男はドイツ語の通訳家であり翻訳家。プランナーとしても活動している。次男は大学在学中からアプリの開発をし、学内ベンチャーの起業にも関わった。というように、息子たちはどちらもまったく異なる仕事をしている。となると、気になるのは右之吉さんの後継者。

　六年の修業を経て、一昨年弟子と認めたのが、まだ29歳の橘吉也さんだ。そしてもうひとり……

「小学生のときにやって来て。自分の書いたものを見せる。機会を見てはまたやって来て、見せる。福島に住んでいるんですが、あちこちの催事のときにも持ってくる。とうとう、東京に出てくると決めたそうで。湯島に近いからと、東大を受験しました。ただいま浪人中ですが、またチャレンジすると（笑）」

筋がいいですかと訊くと、「そうだ」とおっしゃる。文字の修業は〝手取り足取り〟ではない。自主練あるのみ、ひたすら書くのみ、だ。そういう意味では、遠く離れていても修業ができるということか。

右之吉さんもそうだったように、

「書きたい、上達したい、その一心がなにより大事。それを続けられるか。また、技を受け継いでも、商売を引き継ぐというのではありません。それは、あたしのように、それぞれが〝飛び道具〟を持ってやっていかないと。どんなお客さまにも、『ここをこうしましょう』という提案をできる引き出しもたくさん持て、と弟子には言っています。それがあれば、あたしたちの仕事はなくなりませんから」

04

橘右之吉

1950年
東京・台東区千束生まれ

うのす
UNOS

東京都文京区湯島2-33-9-1F
Tel：03-6240-1711

unos.co.jp

二葉桐工房

田中英二

05

Eiji Tanaka

桐たんすの思い出

幼稚園のころ、祖母の部屋でよくひとり遊びをしていた。――引き出しを開けたり閉めたり、開けたり閉めたりと。

閉めると、別の引き出しが開き、それを閉めると、また別の引き出しが開く。その動きとともにカタッと金具が鳴るのもおもしろくって。引き出しを頻繁に開け閉めするうち、「おもちゃにしない！」と怒られたことはずいぶんと遠い昔の思い出だ。

この大きなおもちゃが「桐たんす」だと知ったのは分別がついた小学生になってから。自分のたんすとは異なる形状であること、仕舞われているのは、ふだんの洋服ではなく着物であることもあって、桐たんすは特別なもの、そう理解した。

　中学生になると、祖母がもう一棹、桐たんすを買った。馴染みの家具屋さん（昭和60年代はまだ、どこの町にも家具屋さんがあった）に一緒に出かけ、祖母が選んだ桐たんすを見たとき、「古臭いなぁ」なんて言ったような気がする。

　そのとき、私も新しい家具を買ってもらえて。当時流行っていた、カントリー調のパイン材の洋服ダンスにしたことは、なかなかに恥ずかしい過去である。

　それにしても、昭和の時代、「たんす」は家具の主役を張っていた。ところが、住環境や生活様式の変化とともに「たんす」は追いやられて行く。備え付けのクローゼットが当たり前になり、嫁入り道具からも消えた。もしや洋服はハンガーにかけるもの、畳んで仕舞うなんて知りません！という人もいたりして。

　あるとき、ふと実家の桐たんすが気になった。数年ぶりに引き出しを開けると、樟脳《しょうのう》の匂いとともに懐かしい記憶が漂ってきた。

　その数日後たまたま、ある博物館で桐たんすの製作実演を見た。それが二葉桐工房の田中英二《たなかえいじ》さんだった。

あと100年、使えるように

田中さんは、新品のオーダーメイドをはじめ、修理・修復、そして〝新たにつくり直す〟など、さまざまな工程のすべてをひとりで担う、希少な存在だ。

　つくり直すというのは、「間口1メートルを65センチにサイズ変更」したり、「三段重ねの桐たんすを横並びのサイドボードに」したり、はたまた、「モダンな洋風デザインやアンティークな民芸風に」することもお手の物。ここ数年は新規製作よりも、

「修理やつくり直しが圧倒的に多いですね。たとえば、おばあさまが愛用していた桐たんすを譲り受けたけれども、そのままではなくご自分のライフスタイルに合わせて使いたい、というように」

　作業場にお邪魔したこの日も、「着物は収納しない。本棚兼茶道具入れとして。サイズも小ぶりに」という新規オーダーがあった。簡単そうに聞こえるが、元は衣装盆（和服を整理収納する浅い器。もちろん桐製）を備えたもので、どこをどう見ても、本棚でも茶道具入れにもあらず。でも、田中さんは、「お盆の割り振りを変

えて、そこを本の収納スペースにして、引き出しには……」と〝つくり直しの肝〟をスラスラと教えてくださる。

修理やつくり直しの工程は、預かった桐たんすの部材をすべてバラして、使えるところは使い、足りない部分は材料を足して完成させるという。が、これ、新しくつくるよりもずっとずっと難しいような気がする。「たんすというのは、全部直角と直線なので、すごく難しいというものでもない」とか、「木工の技術は切ると削るの繰り返し。真っ直ぐ切ること、平らに削ることができれば、誰にでもできますから」など、サラリとおっしゃる。

でも、それは〝できる〟から言えること。経験を積み重ねた、職人の矜持があってこその軽口だ。

ところで、近ごろ、ちょいちょい桐たんすのリフォームやらリメイクと称する広告を見かける。

「リフォームやリメイクは変えてしまうという意味合いがあって。でも僕は、あくまでも修理・修復と考えていますから、そうした言葉をできれば使いたくありません。あえて横文字を使うならリビルドかな。でも〝つくり直し〟って言いたい」

なるほど。リフォームやリメイクだと、それまでの桐たんすの来し方が否定されてしまうような。依頼する側としても、なんでもかんでも新しくするんじゃなく、先人を尊み、それを活かして新しい役目を与えてほしいと思っているはず。

「見た目をきれいにするだけじゃありません。桐たんすとしての機能を取り戻すこと、あくまでも道具ですから使いやすいことが第一です。だから、あと100年は使えるように。基礎構造部分から完全にお直しします」

システムエンジニアからの転身

田中さんは、両国に120余年以上も続く桐たんす店の次男として生まれた。一階が作業場、二階が家族の住まいで、小さなころから職人さんがいて、桐たんすがつくられる光景を目にしていた。

「母の実家も桐たんす店で。神田和泉町に今もありますよ」というように、父方と母方双方の血を引く、生粋の桐たんす職人だ。

手先も器用で好奇心も旺盛な田中少年は、「下駄にキャスターを付けてローラースケートに改造する」など、なにかしらの工夫をしてつくるのが好きだったそうだ。となると、当然、跡を継ごうと考えて?

「それはまったく。桐たんすに興味がなかったんです。継ぎたいとも、親父と一緒に物づくりをしようとも思いませんでした」

その言葉通り、サラリーマンの道へ。システムエンジニア、プログラマーとして勤めたものの、二年ほどで転職を考えるように。

「大企業のシステムの末端の制作を担当していて。プログラマーの世界は、まあ、過酷だったんですが嫌になったわけじゃありません。でもコンピュータのプログラムをつくることも物づくりですが実態がないですよね。だったら、実態がないものよりカタチに残るほうがいい。伝統的な物づくりである〝桐たんす〟がいいのではと思うようになって」

お父上に相談すると、すんなり「じゃ、家業に入れば?」と言われたという。

実家は明治25年(1892)創業の老舗桐たんす店で、長男である兄が、経営・営業として働いていた。田中さんは職人として入社。昭和63年(1988)、24歳のことだった。すぐに修業、というか丁稚奉公へ。行き先は新潟県・加茂市。加茂は日本有数の桐たんす生産地で、伝統工芸士のもと修業がスタートしたのだった。

「日本一の桐たんす職人の田澤謙介さんと、そのお弟子さん筋に教わりました。一年間で、桐たんす製作の工程をひと通りやりました。修業は厳しかったかって? いや、それほど(笑)。仕事はわりと苦なくできました。早く覚えたほうかもしれません、はい」

あれ? 〝極寒の冬の朝、道具の手入れをするには、バケツの氷を素手で割ってから。そしてその水で刃を研いだ〟というエピソードをなにかしらのインタビューで目にしたのだけれど。

「バケツに溜めた水で研いでましたね。外に出しているから凍っていて。冷たい水で研ぐと金属がしまっていいそうですが、お湯で研いでみたところ、切れ味は変わりませんでしたけど。寒いなか研いでいると、『俺はこれからどうなるのか』と思うこともありましたが、修業中、基礎をしっかり学びました」

ふだんはくだらない話ばかりでも、こと仕事となると熱くなる。そんな職人さんたちとの一年を終えて東京に戻る。

次なる師匠は、実家お抱えの職人、高木新一さんだ。ここで田中さんは、桐たんすの「仕上げ」を徹底的に習得した。元来、器用でセンスもいい。そこに研鑽を重ねて、技術を高めていった。

一気にバーナーで焼き上げる

桐たんすといえば高級家具の代名詞的存在で、その起源は江戸時代の末期、幕末ごろにさかのぼる（庶民に広まるのは明治以降だが）。

桐が採用される前は欅《けやき》材が使われており、ゴツゴツと硬かったそうだ。また当時は金庫としての役割もあったため、それなりの重さが必要だったとか。

桐が台頭したのは軽くて調湿効果に優れているから。また、熱伝導率が低く、ほかの木材と比べて燃えにくい。かつては「家が火事になっても、桐たんすに水をかけておけばなかの着物は無事」と言われたほどで、実際、杉の着火点が１８０～２４０℃に対し、桐は２７０℃と高い。20ミリ以上の厚さがあれば発火せずに表面だけが炭化するという（だから中身は守られるのだ）。

そんな桐たんすをつくる工程は大きく分けて三つ。どの部分にどの桐材を配するかを決める「木取り」、桐板と桐板とをたんすに仕立てる「組み」、そして、砥粉《とのこ》仕上げや焼き仕上げといった「仕上げ（表面加工）」があり、それぞれが分業されている場合が多い。実家もそうだった。

だが現在、田中さんは工程のすべてをひとりで行っている。ひとりでやりたいからこそ独立したのだが、それは後述するとして、仕上げ工程の一部を見せていただいた。

砥粉仕上げ、焼き仕上げ、オイル仕上げのうち、今回は「焼き仕上げ」を。これは桐たんすの表面をバーナーで焼いて焦がすことで木目の凹凸を出すもの。真っ黒に焼き上げたのち煤を取り除き、砥粉を擦り込むと木目が浮き出て、絶妙な味わいに。砥粉が乾き切ったらロウを塗り、光沢を出して完成となる。

「ガスと酸素との混合ガスで一気に焼きます。金属を切断するのに使うバーナーで３０００℃になります」と、まずは引き出しから取り掛かった。

〝焦がすだけ〟とはいえ、火花を散らしながら焼く姿にたじろいだ。あっという間に表面だけが真っ黒に。ちょっとでもタイミングがズレたら焼きすぎてしまいそうだが、さすがプロ。難なくわずか数ミリだけを焼く。均一にムラなく焼きを入れることが大切で、慎重かつ大胆なテクニックが物を言う。

そうして、大小の引き出しを終えたら、本体全体を焼いていく。

工房にはバーナーの音だけが聞こえる。息を止めているわけじゃないのに緊張感が漂う。いや、緊張しているのは私だけか。でも、田中さんはたぶんいつもと変わらず平静なまま、粛粛と作業を進めている。

一連の焼きが終わり、「ちょっとさわってみます？」と促され、焼き上がった天板をさわる。ほんのり温かく、さっきまで高温バーナーが使われていたとは思えない。生地のままでは、ふわっとやわらかな手ざわりだが、焼くことで木目が出てきて硬度が増したような気がする。指にはうっすら煤がつき、それでようやく私も落ち着いた。

表面を焼いたら煤を落とす作業だ。ブラシでリズミカルに表面をなぞる。力加減は均等というか、状況を鑑みながら、シャッシャ、シャッシャと落としていく。煤が落ちるにつれ、きれいな色や木目があらわれた。

「次は砥粉を塗り、ゴムベラで均一にしてから磨きます。明日来るならお見せできますけど？」

はい、もちろんお邪魔しますとも！

無駄なく、惑わず、粛粛と

翌朝9時に伺うと、田中さんは、砥粉塗りを待ちわびていたワケでなく、違う作業を行っていた。

あるテーブルの納期が迫っており、「貼り合わせた天板の側面に鉋《かんな》をかけます」とシュルシュルシュルーと手を動かしている。軽やかな姿だが、鉋をかける作業は、手先だけでなく全身を上手に使わなければならない。

「最近、鉋がけがしんどくなってきたんです。体力的に」と言いつつも、四面をかけ終えると、次は〝皮が付いた状態の板〟に墨を走らせる（墨付けという作業だ）。この皮付きの板は、今ほど鉋がけした側面をカバーするパーツとなる。形状に則って金尺とメジャー、マジックで、これまた難なくスイスイと印を付けていく。

尺貫法じゃないんですね？と訊くと、

「材料の発注は〝尺〟ですが、図面もＣＡＤ（コンピュータの製図ソフト）で、材の幅を測るノギスもメート

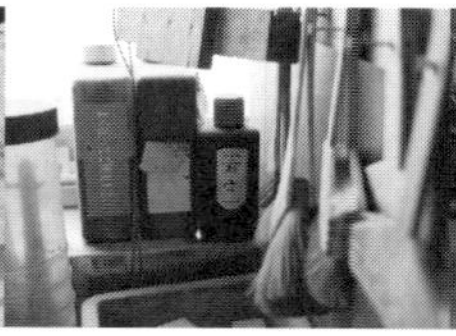

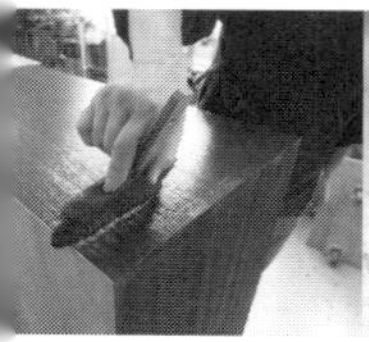
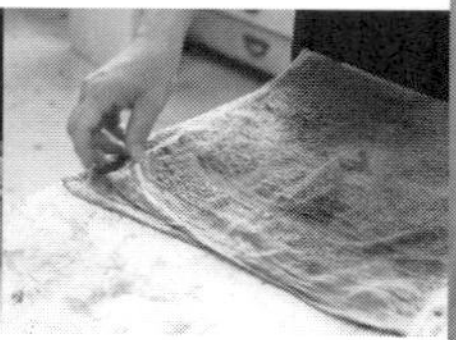

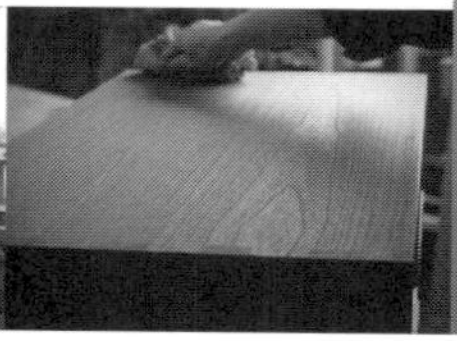

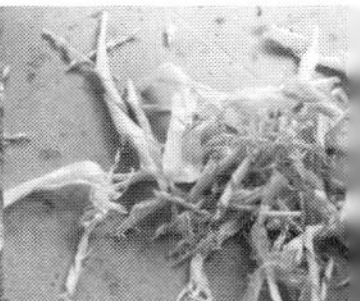

仕事場までは自転車で20分ほど。仕事開始は朝の6時か7時。「西日がさすと心が折れてしまうので、その前に仕事を終えていたい(笑)」。複数の案件があるため、作業効率を考えて段取りよく、仕事をこなしていく。

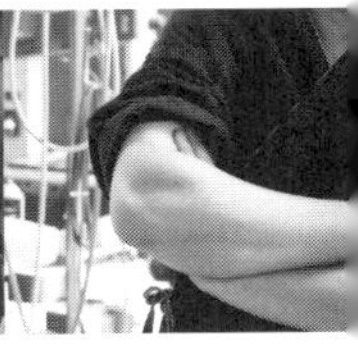

ル法ですしね」と、伝統工芸＝尺貫法という安易な考えが払拭された。この板の裁断も電ノコを使う。

「機械を使えるところは機械を使います。なにがなんでも手作業だけってことはありません」

お客さまに見せる完成イメージ図はCGで作成したものを。見積もりにしても、ウェブサイトに間口と高さの寸法を入力すれば瞬時に算出されるなど、伝統的な技術に、今様のシステムが組み込まれている。そこにはシステムエンジニアだった経験が生きている。

それにしても、昨日今日とチラリ覗き見しただけでも、田中さんの作業はさまざまだ。

いくつもの作業を同時に進行すること、これがひとりですべてを担う職人の日常だ。

一日の段取りは、「明日はこう進めよう、ここまでやろう」と前日に算段する。でも、頭で考えただけでなく、身体が勝手に動いているような田中さんの姿を見ていると〝無駄なく、惑わず、粛粛と〟という言葉がリフレインする。

テーブルづくりをひと段落させたら砥粉塗りに。今回は〝焼き仕上げ・こげ茶〟というもので、砥粉にこげ茶色の顔料、墨汁、接着剤を混ぜ合わせたものを使用する。ちなみに墨汁を使うのは、人工的な黒色顔料だと、薄めたときに青みが増してしまうから。墨汁はいつまでたっても黒いという。

固形の砥粉を水に溶かすべく、ハンドミキサーをまわす。ハンドミキサーの写真は「たぶんNGにするよ（笑）」と言われたが、その姿すら茶の作法のごとく。凛としていてついレンズを向けてしまう。

いい按配になった砥粉を塗るのだが、その前に〝ちょうどいい水分量の布〟をつくらねばならない。

「この加減がけっこう大事。乾燥していると拭けない。でも水分が多すぎると粉っぽくなってしまうんです」

布の準備が整えば、いよいよ刷毛で砥粉を塗る。刷毛の毛質にもさまざまあるが今日は馬毛を選んだ。

「木目に砥粉を乗せていく感じで。水分の分布を均一にするというか。この刷毛の長さなら、どんな塗り方をしても想像通りにできるんですが」

そうは言っても、万能な塗りのセオリーはない。

「これだけやれば入ったな、という感覚ですかね。ほら、美しい〝たけのこ〟が見えてきた」

たけのことは、たけのこ模様状の木目のことで、板目とも呼ぶ。焼き仕上げの場合、この〝たけのこ〟が全体の美しさに大きく関わるという。

砥粉を擦り込んだら、ゴムベラで余分な砥粉を落とす。その後、準備した布で拭く（磨く）ことで、さらに木目がハッキリして艶も生まれる。もちろん、拭くタイミングもいつも同じではない。

「湿度が低いと、塗っているうちから水分が抜けて、いい状態になるのが早い。でも今日のように湿気が多いとそうはいかない。ね？ 濡れっぽいでしょう？」

季節や温度、湿度によって微調整が必要で、場合によっては、乾燥させるためにストーブを焚きながらエアコンをかけることも。

「仕上げに関してはずいぶん悩んだつもりです。分量を変えたり、道具を変えたり、刷毛の角度やヘラの角度も工夫して。でもいまだにうまくいかないことが多々ありますね」

理想的な艶を出し、新たな木目に生まれ変わらせること。そうした焼き仕上げのほかにも、桐たんすづくりの技は多数ある。なにより、空気の逃げ場がない＝気密性が高いという機能は不可欠で。

使い勝手がよくて当たり前、そんな桐たんすを、田中さんはもう何百棹と手がけている。

桐のよさを伝え、新たな役目を生み出す

田中さんが実家から独立して、二葉桐工房を起業したのは平成22年（2010）の7月のことだ。

「兄が社長で僕が専務で。次第に、職人仕事よりもマネジメント的な仕事が多くなりました。でも、自分の手でつくった桐たんすを自分でおさめたいという思いが強くなったんです」

結婚22年目で子どもは三人。長男が大学入学、次男が高校二年、そして長女が中学三年とまだまだ物入りだった。

「かみさんは心配しましたよ。親父にも反対されましたし。でも、まあ、いろいろあってのタイミングだったので。今振り返るとよく独立したなぁとは思いますが、かみさんが手伝ってくれますし、三人とも大学に行かせることができて、結果オーライです」

実家では、さまざまな業務をやっていた。だから職人を雇わずとも、全部自分でつくればいい。いや、つくりたい。集客はインターネットでなんとかなる。い

ざとなれば下請け仕事をすればいいと覚悟を決めての独立だった。

「最初のお客さんのことをよく覚えています。ネットで発注してくださって。うれしかったですねぇ。百貨店の職人展にも声をかけてもらえて、今に至ります」

　来年でちょうど10年。この間、桐たんすを取り巻く環境は変わった。冒頭の通り、

「新しく誂える方はほとんどいなくなりましたしね。修理やつくり直しばかりだと、自分の仕事にクリエイティブさがないのでは、と不安になってしまって。以前は、自分らしい新しいものをつくりたいという気持ちが強かったけれども、道具なんだから、使いやすいようにつくることがいちばんかなと思いますが」

　ナニを言っているんですか、田中さん！　相手のことを想像して〃つくり直す〃こと。これぞクリエイティブの極みかと。いろいろなライフスタイルがあって、それぞれの要望を汲んで具現化するなんて、マニュアル通りどころか、マニュアルにないアイデアと技術、経験が必要なんですから。

　だから田中さんへの修理・修復・再生の問い合わせがあとを絶たないわけで。お客さまから多数寄せられたアンケートを見ると、どなたも完成品に驚き、深く感動していらっしゃる。

　もしかしたら、処分されてしまったかもしれない「桐たんす」。でもそこに新たな役目を生み出して、使ってもらえる。これって、かけがえのない思い出を次の世代につないでいくことができる仕事なのだ。

「桐たんす職人としては、自分の代で充分。完璧にやっているつもりなので、やりきった感はありますよね」と言う田中さん。このところ考えているのは、桐材のよさをもっと日常に活かしたプロダクトの開発だ。

　桐は空気をたっぷりと含んでいるため、軽くて温かく、そしてやわらかい。その特長を堪能できるのが、田中さんがデザインしてつくった、オリジナルの椅子（「RAKUZA」）だ。片手でラクラク持つことができるほど軽くて、水にも強く、やさしい肌ざわり。角は丸くなめらかで、なんとも心地いい。既成の大きさは3タイプあるが、用途に応じてサイズのオーダーもできる。

　気楽に持ち運べて、気ままに使えるのに、桐工芸の技術（ジョイント部には〃蟻ホゾ〃という台形状の組み込み）が見られるというのもいい。

ところで田中さん、土日も関係なく、休みもなく仕事をしていらっしゃる。とはいえ、決して仕事の鬼ではなく、「釣りの予定があれば休みますけどね。先日も土砂降りなのに、木更津沖にショウサイフグを釣りに出て。船宿で下処理してもらった身を持ち帰り、柳刃包丁で薄く透けるように切って盛り付ける。至福でしたねぇ」。

なんだかマイペース。オンオフのバランスがよく、それが職人仕事の礎となっているのだろう。

桐たんすのつくり直しは、かけがえのない思いを未来へとつなげていくこと。新しいプロダクトは、桐の魅力を身近に体感してもらいたくて生まれたものだ。

スーッと真っ直ぐ、でもなめらかな曲線を持つ椅子。究極にシンプルなカタチに、田中さんの思いが幾重にも層をなしている。

05

田中英二

1964年
東京・墨田区千歳生まれ

二葉桐工房

東京都墨田区立花5-9-5　テクネットすみだ4F
Tel：0120-915-937
営業時間：10〜18時

futabakirikoubou.co.jp

モデリスト

三竹伸之

MITAKE

06

Nobuyuki Mitake

デザイナーの意をカタチにする仕事

モデリストの三竹伸之《みたけのぶゆき》さんの工房を訪ねた。モデリストとは原型師ともいい、デザイナーのデザインスケッチから原型パターン（型紙）をつくり、サンプルを作成するお仕事といえばいいだろうか。

スケッチという平面（絵に描いたもの）を立体にするわけで、デザイナーの世界観やアイデアを実現できるか否かがここでわかる。……なんて言うと大げさだが、具現化しないと実際の商品はできないし、商品の完成度も高まらない。だからデザイナーとモデリストは切っても切れない仲なのだ。

また、量産するにはほかの職人さんや工場が必要で、その方々がサンプル通りに商品製作をするための設計図（図面や仕様書）を書くことも大切な仕事だ。

「誰が見てもつくることができる状態にしてあげること。日本では、業界的（アパレル、バッグ、革小物）にはサンプル屋なんだけれど、私はヨーロッパにちなんでモデリストと名乗っています」

そう、ヨーロッパだ。三竹さんはフランスの、ある高級メゾン（時計ベルト界のロールスロイスと称される）の本社から認められた、日本人初の職人だった。

三竹さんを紹介してくれたのが、プロダクトデザイナーの半杭《はんぐい》誠一郎さん。半杭さんが手がけるカメラバッグやケースは、第一線で活躍する写真家やヘアメイクアップアーティストたちから熱烈に支持され続けている。そんな半杭さんが絶大な信頼を寄せているのが三竹さんなのだ。

互いが認め合う、ふたりの職人

革を主とするモデリストは多々いるが、三竹さんほど緻密な技術を持つ人はいないという。その代表作が半杭さんのブランド「インダストリア」の〝オムレットペンケース〟だ。表側は堅牢なバケッタレザー、内側はネオプレーンと異素材を組み合わせた斬新なもの。

三竹さんの話の前に、このペンケースについて説明を。私自身、万年筆が大好きで複数持ち歩くのがつねだが、それらが一本一本干渉しない（傷つかない）ようなペンケースを探していた。そうしたものは存在するが、物欲をそそられるものには出合えていなかった。

そんなとき半杭さんから「今、万年筆のペンケースをつくっているんだよね」と、オムレットペンケースの試作品を見せてもらい、大いに驚かされた。

ネオプレーンはウェットスーツなどに使われている、伸縮性ある素材だ。半杭さんが選んだのは極厚タイプでホールド力も高く、万年筆のみならず、繊細なガラスペンも大切におさめることができる。ネオプレーン製のペンケースはよくあっても、どうにもアウトドアテイストが強くて、微妙な見た目だったりする。けれども、半杭さんデザインのこれは、重厚なバケッタレザーが主役のため、とてつもなくカッコいいのだ。

バケッタレザーとは化学薬品をいっさい使用せず、樹木のタンニンのみでなめしたレザーを指す。なかでもイタリアはトスカーナ州にあるロ・スティバレー社製がすばらしく、それをまるっと外側とベルトに使ったオムレットペンケースはまさに〝逸品〟なのだ。

　分厚い革とネオプレーン。これを縫製し、クルッと包むようにした形状がオムレツのようで(だからオムレットペンケースという)。開いたときにもゆるやかなカーブを描いていて、なんともいい。こんなカタチは、たぶんペンケースではじめてだと思う。

「大切な道具をしっかり守る。それを最大の目的にしているから、極厚の素材同士を組み合わせた」と言うように、半杭さんのモノづくりの根幹は「守ること」。そこに使い込みたいと思わせるギミック(デザインや素材づかい)があり、愛着の湧くプロダクトとなるのだ。

「水洗いすることで独特のシワが出て表情も豊か。それに、この革には油がしっかり入っているから、しっとりとした手ざわりで。しかもエイジングが早いから、使えば使うほど味が出る。おそらく10年後にはたまらない……だろうね！」

　これを商品化できたのも三竹さんがいたから、と半杭さんが力説する。

「半杭さんから『すごく特別な革なのでなんとかしてくれ』と依頼されたとき、こういう組み合わせがあるんだ！といい意味で衝撃を受けました。革とネオプレーンの相性がどうなのかを経験値として知らないから、まずはつくらせてください、様子を見ましょうって。パッと見はシンプルなんですが、山ほど裏技を使ってるんですよ」と三竹さんが言えば、「こんなクセのある素材、しかも異素材を縫い合わせることができる職人は希少なんだから」と半杭さんが褒める。なんだか、ふたりのやりとりがうらやましい。

メガネに適うものを見せたい

オムレットペンケースが誕生して二年。この日、半杭さんと一緒に三竹さんを訪ねたとき、三竹さんは、「早くお見せしたくて、夜なべしましたよ」とひとつのペンケースを差し出した。

　革の厚さ＝3・3ミリ強と堅牢なバケッタレザー一枚による、万年筆の一本差しシースだ。試作品というのにすでに完成されたような佇まい。美しい円柱でなめらかな手ざわり。縫い目がポコッとすることもなく、これこそ超極厚なのに、どうやって縫うのだろう？

「厚い場合はね、最初に目打ちをして。でも、床面（革の裏側）には糸を貫通させないんですよ。ステッチが出ないよう斜めに刺して縫っていくんです」

通常は「すごく手間がかかるのでやらない」作業だという。目打ちで貫通させて、糸を通すほうが容易であることは明白だ。

「革の特性を活かしながら、半杭さんのメガネに適うものを見せないと」と言いながら、その場で、フラップの長さや留め具の位置などあれやこれやとディスカッションがはじまった。デザイナーとモデリストの阿吽の呼吸なのか、互いは言葉少なくとも話が進み、カタチが決まる。

いくつかの段階を経てサンプル品が完成し、この7月には無事商品として発売された。

裁縫男子と足踏みミシン

三竹さんが〝革〟を仕事にしようと思ったきっかけはどこにあるのだろう。

「中学時代の夏休みの自由研究ですね。革じゃなくてデニムなんですけれど。ジーパンを買うと、生地が余るでしょ。その生地でキャップをつくったの。センターにエドウインだとかリーだとかのエンブレムを付けてね」

裾上げで余った生地を有効活用するだけでなく、

「昔はジーパンに穴が空いたらもう履けなかった。だからヒップ部分をショルダーバッグにして。母親が洋裁をやっていたから、そのミシンを借りて縫っていました。ペコンペコンと足踏みミシンでね」

お裁縫好きの三竹少年が高校生になると、渋谷に東急ハンズができた。今はホームセンター的なショップはそこいらにあるが、時は1970年代後半、ハンドメイド好きにとってかなりの革命だったに違いない。

「革を売るコーナーがあって。革のほうがジーンズより丈夫だと知って。男だから乱暴に扱うしね」

自宅のミシンで縫えるような厚さの革を買っては、財布やメモを入れるような巾着袋をつくっていたという。もしや付き合っていた彼女のために？と訊くと、

「とんでもない！　自分のため！　彼女もいなかったし（笑）」とおちゃめに答えてくれる。そうしたモノづくり、革好きが高じて、

「二十歳のころ、吉祥寺にあった『飛行船』という革

の工房に就職しました。それまで自己流だったから、ちゃんとした革の縫い方、工業用ミシンの使い方を覚えたくて。就職しなくちゃと考えたときに、革だったら続けられるかなぁって。うん、今でも続けているので、この選択は間違っていなかった!」

街角にあった、「社員募集」の看板を見て、飛行船の面接に赴いた。

「明日から来いって簡単に言われちゃって。人手が足りなかったからかな」

そこで基本を学ぶが、もっと技術を高めたく、百貨店でお馴染みの、あるバッグの製造元に転職した。

「サンプルをつくる部署に入りまして。当時の社長がスケッチしたものを具現化するという、今とほぼ同じような仕事をしていました」

そして結婚を機に独立。自営のモデリストとして、数多くのブランドのサンプルを手がけるようになった。

いい型紙には味がある

「〝つくり〟までを考えながらデザインをするデザイナーは、俺以外いないよ」と半杭さん。

意外なことに、実現不可能なデザインスケッチというのが多々あるそうで。デザインやアイデアを重視するスケッチと、制作を大前提にした図面とでは、そもそも意義が違うのだから仕方がない。その溝を埋めるのがモデリストということだ。

「エッシャーのだまし絵じゃないけれど、辻褄が合わず完成できないこともあるんです」と三竹さん。でも……と続ける。

「それも楽しいんですよ。その人の考えをカタチにする。そのお手伝いをしているのが楽しい。アイデアのない自分としては、『こんなふうに考えてるのかなぁ』と想像しながら進める。うん、やりがいがありますね」

手順としては、まずは図面を見る。その二次元の図面をもとに立体的な製品をつくるのだから、ディテールを緻密に記さなければならない。どんな大きさでもいいかと思いきや、必ず原寸大で作成するそうだ。

「ポケットの位置やカーブのR(曲線半径)などは、実際の大きさでないとバランスがわかりませんからね。デザイナーさんとのやりとりを繰り返し、都度、ラフモデルをつくるなどして図面を読み込むと、次は型紙を起こします」と、現物の型紙を見せてくださる。

シンプルなビジネスバッグの型紙というが、けっこうな枚数が。その理由は、見えない部分――補強の芯といったものにも型紙が必要だから。そこは曖昧というか適当でもいいのでは？と思うのは浅はかで。それじゃあ〝誰が見てもつくることができる指示書〟にはならない。

「仕上がりを、きれいな直線にしたい場合、型紙が真っ直ぐじゃダメ。ほら、素材を裏返して縫うでしょ？　革は伸びないので、直線で裁つと〝ヤセ〟てしまうから、少しふくらませて裁断しないとね」

ヤセるとは「女性のウエストのように凹むこと」だそう。そうした細部への気遣いが、商品の価値を大きく左右する。たとえ大量生産であっても、型紙がよければつくりがいいってことか。

「うーん、安物は簡単につくっているから、型紙に味がないんだよねぇ。って、そんな偉そうなこと言っていいのかなぁ」

それにしても、三竹さんはご自分のことを「アイデアがない」と言うが、デザイナーの言葉足らずをアシストする存在だ。想像力がないとできない職業であり、それはある種のすばらしき才能だと思う。

ちなみに型紙に使う用紙は紀州の色上質紙、筆記具はコンマ3（0・3ミリ）の鉛筆、消しゴムは月光荘と決めている。型紙の作成日数は、「モノによるけれど半日ぐらいかな」と、意外なほどに素早かった。

勘所がものをいう

こんなふうにプロダクトが完成するまでのプロセスを教わると、モノを大切にしようという気持ちが強くなる。同時に「型紙のない人生を送ってるなぁ」と自分が恥ずかしくもなった。

「でも、文章を書くときに下書きをするでしょ？　それと一緒ですよ。いきなり完成させないってこと」と三竹さんが慰めてくれた。

完璧なる図面&型紙の次は、縫製のお話を。名刺入れにお財布、手帳カバーに文庫本カバー、腕時計のベルト、針入れ、道具入れなど、このオフィスで目に入る革製品はどれもが三竹さんお手製だ。当然、どれもが市販されていない、三竹さんのオリジナルである。

ご自分にとって最大限に使いやすく、嗜好を満たすデザインで、さすが熟練の職人さんだなぁと感心する。

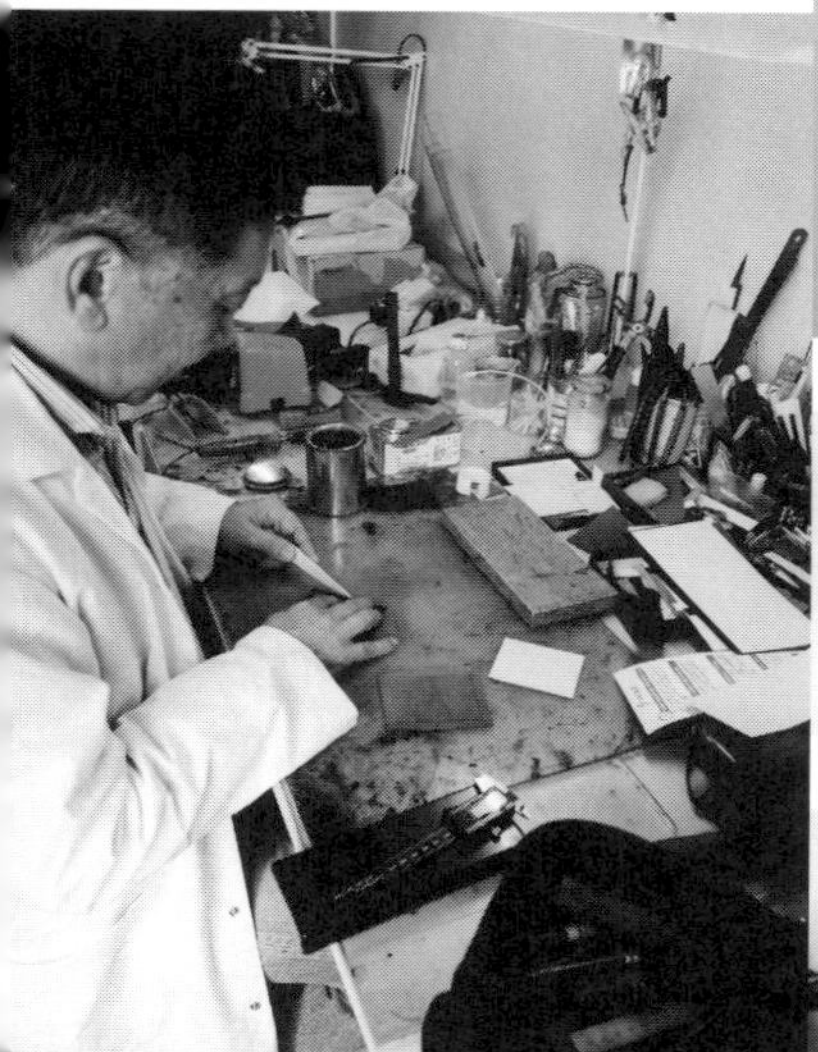

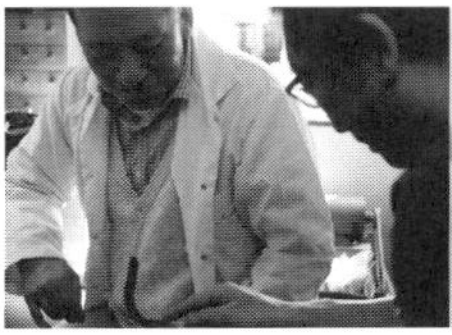
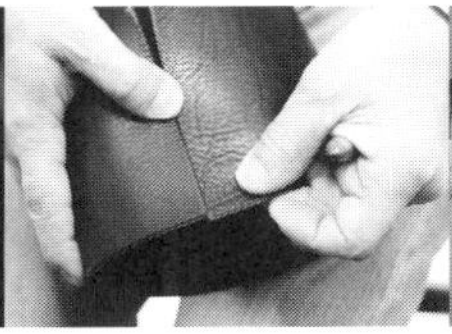
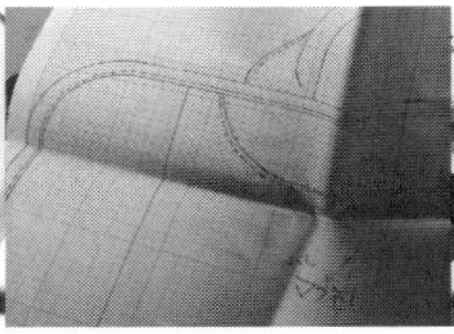

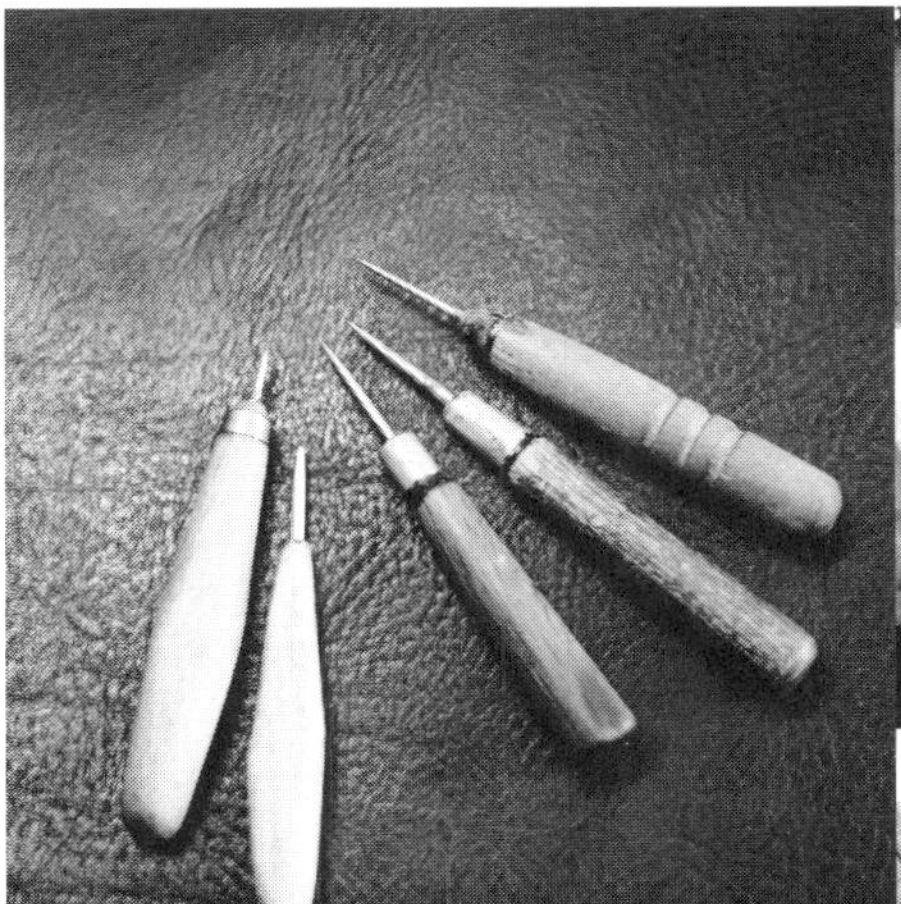

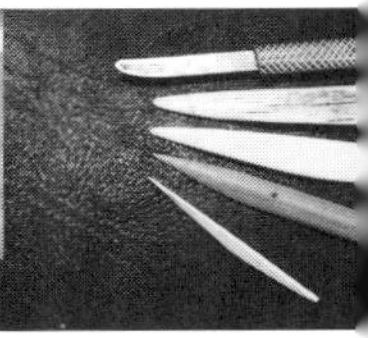
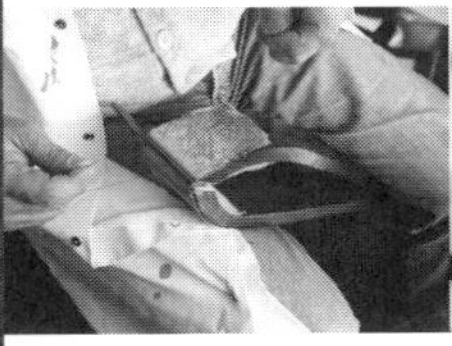
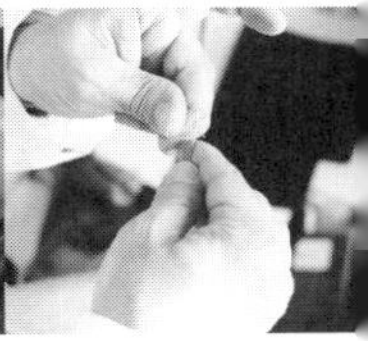

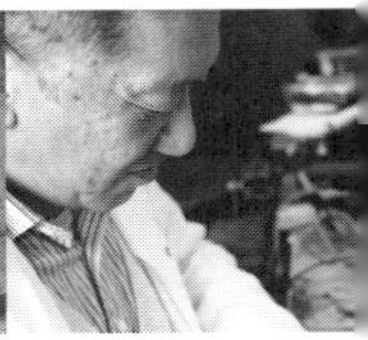

住宅街にある静かなアトリエ。ふだんはインターFMを聴きながら仕事をしている。デモンストレーションのごとく、時計ベルトの手縫い、財布のコバ漉きなどを見せてくれた。趣味はビリヤードで大会に出るほどの腕前。

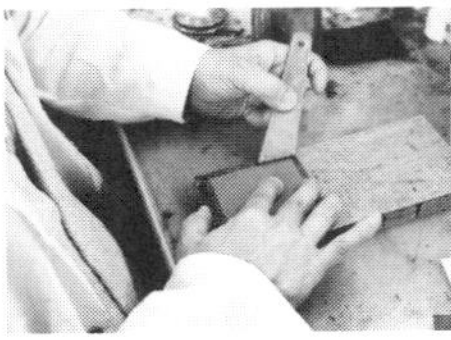

あ、でも三竹さんは、中学生のときから、自分仕様のモノをつくっていたのか！

「好きなんですよ、自分で工夫してつくるのが。そうそう、革製品の技術は極論を言ってしまえば、半分ほどは〝コバ（革をカットした断面のこと）を漉く〟技術だと思っているんです。単純に、元厚（そもそもの革の厚さ）のままでつくるとモコモコと野暮ったい。でも、少し漉けばきれいになりますし、やや厚めに漉けばフワッとなる。はたまた、薄く漉きすぎると尖った感じで安っぽくなる」

なるほど。漉き加減で粋にも野暮にもなってしまうのか。そういえば革製品を選ぶとき、革の好みもあるけれど、全体のスマートさというか、手に引っかかりがないというか、そのあたりを吟味している。そこにはコバの美しさの有無が大きく関係しているのだなぁ。

「革が厚くても『いいですね』と言ってほしくてね。となると、コバの薄さや肌ざわりが肝なんです。この厚さの革を選んだデザイナーがどうして、この革にしたのかを理解して想像して漉く、そして縫う」

半杭さんデザインの「オムレットペンケース」に話を戻す。

「『無骨に』というのが、半杭さんのテーマでした。なんといっても2・5ミリと厚く、これを活かさなきゃいけません。でも、ネオプレーンと縫い合わせた部分に革テープを巻きますから、その分、厚みが上乗せされる。そのままの厚さじゃみっともない。だからコバを半分ぐらい漉くことで、シャープでエレガントでモダン、でも力のある感じを出しました」

オムレットペンケースが醸す、あの一体感も、すべては〝コバの漉き方〟あってこそ。そんな絶妙なバランスが出るように、テープも漉いている。

「とはいえ、薄すぎてもつまらなくて。コロンとしすぎてラインがぼやけない程度にね」

その感覚と技術は長年積み重ねた経験値によるもの。……だけとは限らない。

「自分でいうのもなんですけれど、私、センスがいいですから（笑）。いくらデザイナーの指示が的確でも、デザイナーの構想通りにならないんです。お料理と一緒で、レシピにはないけれど『いきなり弱火にする』とか、そうした勘所があってうまくいく」

42歳で単身渡仏、武者修行

冒頭で〃時計ベルト界のロールスロイスと称されるブランドの職人〃と称した。これ、時計好き、革好きならすぐにピンとくるだろう。カルティエ、パテック・フィリップ、ショーメといった超一流ブランドの公式ベルトをつくっている——そう、三竹さんはカミーユ・フォルネの職人だったのだ。

二社に勤めたのちフリーランスとして活躍していたが、世の中が『サンプルも生産も中国工場に』となり、「単純に自営では食えなくなって、辞めると宣言したんです」

すると、フリー時代にフォルネの財布などの修理を請け負っていたこともあって、カミーユ・フォルネジャポンの社長が、『うちに来い』と誘ってくれました。ただし、職人として入るのだから『自分でフランス本社の承諾を取れよ』ってね」。

そうして〃フランス本社認定技術者〃の称号を得るべく単身渡仏。平成17年（2005）、42歳のときだった。

「半年間の修業でした。それまで時計ベルトをさわったことがなく、腕時計もしていませんでしたし。いやぁ、時計ベルトって大変なんですよ。お財布なんて、銀行のカードが入るか入らないかはすぐにわかりますし、入らなければちょっと大きくすればいいでしょ？　なのに時計はミリ単位で考えなければいけません。カルティエは6・7ミリとかめちゃくちゃ半端な数字だったり、コンマ2（0・2ミリ）に漉かないといけなかったり。ほかの革小物の100分の1の精度を求められますね。ホント、すごいんです」

「大変だ」と言う割には、三竹さん、とっても楽しそうですよ。

「だって楽しかったですもん！　知らないことを経験する楽しさもあるし、ヨーロッパで暮らせる楽しさもあってね。フランスの社長は『日本人のおっさんがひとりで半年も大丈夫なのか？』と心配してくれましたけど、日本の社長は『あいつなら問題ない』って」

キッチン付きのホテルに滞在した三竹さんは、毎朝5時半に起きて6時に出発。隣町のフォルネメゾンまでレンタカーで通ったという。

「フリーウェイを走って40分。仕事帰りにマーケットで野菜をたくさん買って自炊してました。毎日が楽しかったなぁ」

　もともとの器用さとセンスのよさもあって、すぐに時計ベルトのノウハウを習得した。修業の最後は、スイス・ジュネーブで行われる世界最大の時計見本市「バーゼル」での展示会だった。

「マンダリンホテルの一室を借りての展示会でした。職人としてデモンストレーションをやりまして。そこで技術者として認められ、日本に帰ってきたんです」

　そのとき、本国の社長から贈られたのが、〝ベルメール〟という名の手縫い作業用の木製の道具だ。長さ80センチ程度で、毛抜きのような形状をしている。なんでもエルメスの職人も使っているそうで。

「両脚でしっかり挟んで使います。上部の開閉部分にベルトを挟み、縫うんですよ。大切な思い出であり、相棒です」

　帰国後、日本人初の認定技術者となった三竹さんは修理だけでなく、ジャパン限定モデルのサンプル製作も行った（実際の製品はすべてメイドインフランス）。全国各地の百貨店での催事、デモンストレーションにも飛び回った。

「私、おしゃべり好きなんですよ。話さないと、お客さんに伝わらないですからね。作業をお見せしながら、精密な厚さや幅がどうして必要なのか、〝この凹凸をつくる〟理由などについて説明すると、そんな技術があるんだ！と感心してもらえて商品も売れる」

　自身の技術も磨かれ、話術にも長けた。順風満帆な再就職だった。けれども、

「定年後に仕事があるのかな？と不安を覚えて。だって年金で生活できるような時代じゃないですし。50ちょっとの歳なら、まだチャレンジできるだろうとフォルネを辞めました」

　この理由のほかに、もう一度、多くのデザイナーとカバンをつくりたくなったとも。そして革製品全般を手がけるアンノドミニに転職したのだった。そこでは、これまた有名ブランドの複雑なカバン類を数多く手がけた。そして昨年の秋、ふたたび独立して現在に至る。また、一般ユーザーからのオーダーも受けている。

「デザイナーのことも、職人さんのこともわかって、互いの意見をうまくアレンジできるのがモデリストだと思っている。つねに、一緒につくるというスタンスでいたい。そうしたポジションが気に入っています」

　だからこそ、半杭さんのように、「三竹さんじゃな

いと」と依頼があるのだろう。

ペンケースにしろ名刺入れにしろ、用途だけを考えればなんでもいいわけで。三竹さんが考える、こうした嗜好品の魅力とは？

「持っているときの、自分の仕草が心地いいかどうかだと思うんですよね。ある意味、ぬいぐるみ感覚もかもしれない。近くに置いておきたいってね」

それにしても、三竹さんからは、端々に「楽しい」という言葉や笑顔が出てくる。

「楽しすぎるのもどうかと思うんですが、楽しいんですから仕方ないですよね」

きっと今日も変わらず、三竹さんは革を相棒に、あれこれ試作している。コツコツ、コツコツと。

06

三竹伸之

1962年
東京・練馬区生まれ

MITAKE《ミタケ》

a96sutheborder@gmail.com

INDUSTRIA★《インダストリア》

industria-tokyo.com

オムレットペンケースはこちらで購入可能

中村銅器製作所

中村恵一

07

Keiichi Nakamura

銅のよさを実感する玉子焼き

「たまごやき」って不思議な食べ物だ。その表記からして「玉子焼き」と「卵焼き」。ひらがなのままでももちろんいい。私は断然「玉子焼き」派だが、その理由は、食材の状態では「卵」、お料理になったら「玉子」としたいから。

また、関東風と関西風とでは異なったり、蕎麦屋と鮨屋ではまったく違うものであったり、家庭でも巻き簾を使ったり使わなかったりと、なにかと「たまごやき」は悩ましい。

道具もそうだ。関東風は正方形で、関西風は長方形であるが、今は〝巻きやすさ〟を優先すると、ほとんどの玉子焼き鍋は長方形だ。そうだ、「玉子焼き鍋」なのか、「玉子焼鍋」なのかの使い分けもあった。どちらでもいいんですけれどね、おいしく焼くことができれば……。でもここでは「玉子焼鍋」に統一を。

おいしく焼くには道具が重要で。料理雑誌や料理レシピ本、調理道具の記事をつくってきた身としては、道具のよしあしが、おいしさの差に、ひいては調理のモチベーションにも大きく関わると実感している。

はじめての「玉子焼き」ならば、スルッとなめらかテフロンやセラミック加工されていて、前方が斜めになった小ぶりなタイプがいいだろう。焦げ付きにくく、斜めの形状が〃巻き〃をアシストしてくれるから。私も最初はこれだった。でも、うまくできすぎて、すぐにつまらなくなった。玉子焼きに限らずだが、テフロン加工がなされた鍋はすぐ飽きる。テフロンが剥がれてしまえばお釈迦であるし、修理をして使い続けるものでもない。

鍋として私自身がいちばん好きな素材は「鉄」で、『鉄なべごはん』や『鉄スキ大スキ!』という書籍を編んだほど、私にとって調理道具＝鉄だった。今でもその思いは変わらないが、玉子焼きにいたっては「鉄」だと塩梅が悪い。

そこで「銅」の出番である。銅と鉄を比べてみる。まず熱伝導率は、銅が400W／mKに対して、鉄は80W／mKだ。アルミやステンレスと比較しても、熱伝導率がいいのは圧倒的に「銅」だ。熱伝導率とは熱の伝わりやすさのことで、高いほど短時間で温めることができる。銅の長所は熱伝導率のよさで、鉄の長所は油なじみのいいところ。と、つくりたいメニューによって使い分ければいいのである。

そして、玉子焼きには、やっぱり「銅」がいいのだ。ちょっといいお料理屋さんの厨房を覗くと、銅の玉子焼鍋が必ずある。玉子焼鍋に限らず、プロは銅製を選んでいることが多い。和食のみならず、洋食、フレンチ、イタリアンのシェフたちもしかりだ。

卵のように火が通りやすく、あっという間に焦げ付いてしまう繊細な食材は、熱が素早く均一に伝えられる「銅」との相性がいい。また、銅は蓄熱性も高いため、余熱で火を入れることも得意だ。火から下ろせば、ふっくらと。専用器のようだが、なにも玉子焼鍋は、玉子焼きしかつくれないのではない。炒め物にも便利で、パラパラっと仕上げることもできる。意外なところでは、カリカリっとしたトーストもお手の物だ。

三代目を支える若き三兄弟

キッチンまわりの道具は日進月歩。バリエーションも豊富で、とくに便利グッズ的なものが多く、そういえば、10年ほど前にシリコンスチーマーが流行ったときは、電子レンジで玉子焼きをつくる人も多かったのでは？　が、玉子焼きは絶対に、「銅製の鍋とガスで！」と推奨したい。

利便性だけじゃつまらないと思う人も増えたせいか、銅製の玉子焼鍋が注目を集めているのも、銅ファンとしてはうれしい。ただ、ひとくちに銅製といっても、そのつくりには違いがあって。〃本当においしい玉子焼き〃を焼き続けたいのならば、中村銅器製作所のものがいちばんだ。

銅製の鍋には、長持ちさせるための「錫《すず》」が施されるが、通常、皮膜の薄い錫メッキで済まされることが多い。だが、こちらの鍋は、銅板に純錫を溶かして焼き付けするため、しっかりと厚みがある。ゆえにハゲにくく、長年使うことができるのだ。

足立区・梅田にある中村銅器製作所は、大正時代初期に、この地で創業して100年近く。親子四代に渡って、鍋づくりをしている。

現在、社長を務めるのが三代目の中村《なかむら》恵一《けいいち》さんだ。祖父から父が受け継ぎ、父の跡を継ぐべく、高校卒業後に職人の道を選んだ。〃親子四代に渡って〃ということは、現在、恵一さんの息子たちが家業を継いでいる。取材にうかがった際も、長男の太輔《だいすけ》さん（33歳）、次男の公嘉《まさよし》さん（32歳）、三男の晃暢《あきのぶ》さん（25歳）が応対してくださった。

後継者不足で商売を継続できない……そうしたところが非常に多い。また、安価な大量生産品があるため、手仕事による品がなかなか売れにくくもある。「苦労の割に儲からない」と、子どもにはサラリーマンや公務員をすすめる自営業の親も多い。

そういった世相のなか、子どもが全員、家業に入っている。そして、それぞれ技術を磨いているというのは、本当に頼もしい。

「そうですか。ありがとうございます。でも、もっと子どもたちが稼ぐようになって、早く引退させてほしい。私を遊びに連れて行ってほしい（笑）」とは、父・恵一さんだ。それに対して、子どもたちは「充分、遊んでいると思うけど」と返す。

そんな親子四人の仕事ぶり、そして取材への対応を見ていると、「どうやったら、こんなにいい子に育つんですか！」と根掘り葉掘り質問したくなる。

だからといって、みなさん、真面目一辺倒でない雰囲気もすごくいい。鍋づくりの現場そっちのけで、そんなことばかり気になってしまった。

鍋の〝声〟を聞く

さて、鍋の話を。中村銅器製作所では、銅製の鍋のほかアルミ製の鍋もつくる。打刃物と料理道具の老舗「日本橋木屋」の鍋も、中村さんたちが手がけている。一連の鍋づくりの工程については、子どもたちはみな、できるようになってきた。

「玉子焼鍋のつくり方はシンプルです。銅の板を切って、折り曲げて四角い鍋のカタチにして、取っ手部分をつければいいんですから」と次男・公嘉さんが、取っ手を付けながら教えてくれる。

ですが……と続ける。


「父にしかできない、まだ僕たちには任せられていない工程がひとつだけあるんです」

それが、先述した「錫の焼き付け」だ。この取材中、アルミを叩き出す作業、刻印作業、取っ手を付ける作業などを説明いただいたが、そのいずれにも恵一さんの姿はなく（サボっていたわけではない）。「錫の焼き付け」の段において、いよいよ〝ラスボス〟登場といった感で、工場の奥、専用のガスコンロの前でスタンバイしてくださった。

錫は、銅独特のサビである、緑青《ろくしょう》の発生を防ぐ役割を持つ。また、温度調節にも大きく関わってくる。

「銅の熱伝導率はとても高いので、すぐに高温になってしまいます。でも錫を焼き付けることで、錫の皮膜が温度の微調整をしてくれる。繊細に調整できるからこそ、ふっくらとした玉子焼きになるんです。では、焼き付けをはじめましょうか」

と、恵一さんは玉子焼鍋をヤットコで掴み、火の上で鍋全体を温めていく。その様子は、これから玉子焼きを焼きはじめるかのよう。……と眺めていたら、一瞬で焼き付け作業が済んでしまった。早い！

「早いですか？　ゆっくりめにしたんですけどね。錫

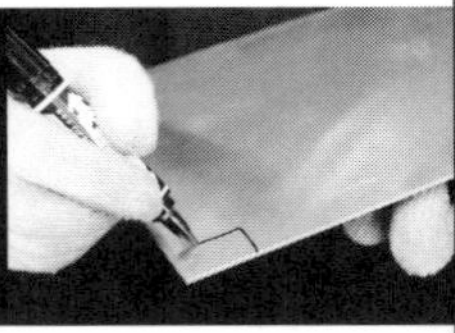

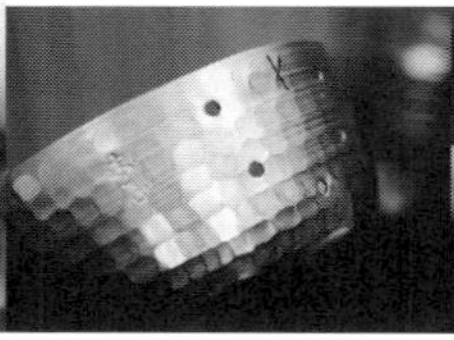

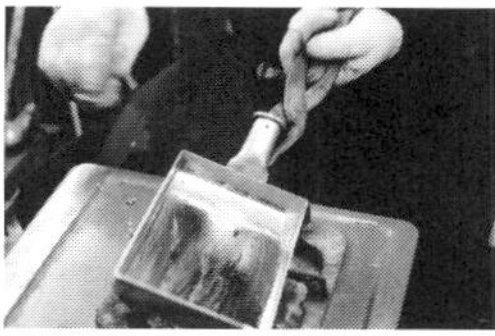

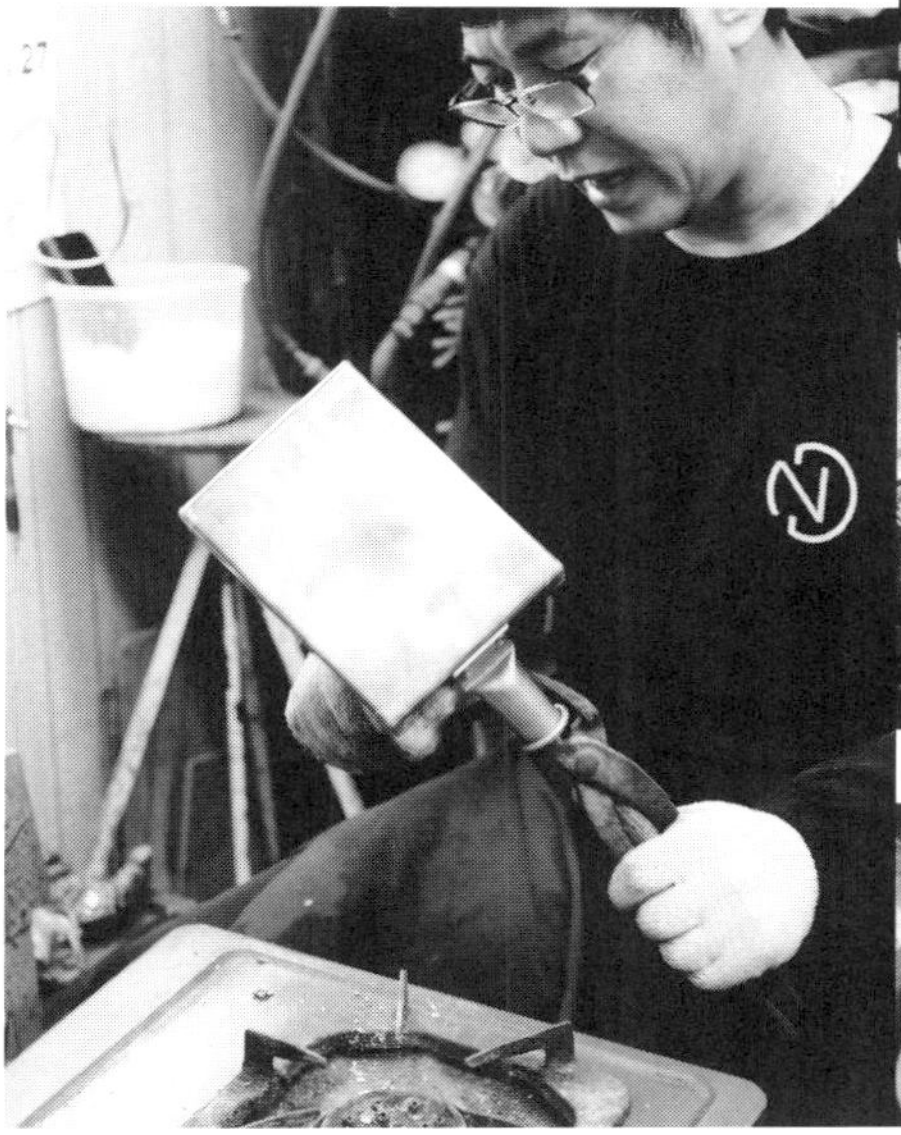

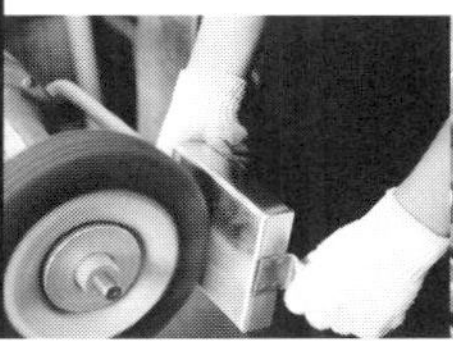

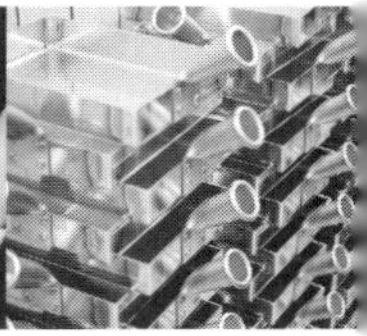

平らなアルミ板を叩き、槌目を入れてヘラ絞りで鍋のカタチに成形して行平鍋に。玉子焼鍋は、銅板を切り四角い鍋の形状にして取っ手を付け、錫を焼き付ける。技術を積み重ねた家族4人が粛粛と仕事をしている。

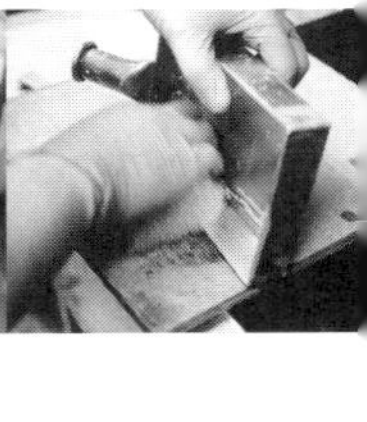

が溶ける温度は２３０℃。錫の棒を押し当てて液体になった錫は、素早く伸ばして塗らなければいけません。伸ばすときには真綿を使っています。もたもたしていると固まってしまい、均一に錫を伸ばすことができませんから」

温度が低すぎれば、錫は溶けず、高すぎると焦げてしまう。また、真綿を握りすぎてもダメだ。スピードと温度の見極めが勝負であり、長年の勘所でもある。

「必死に構えすぎていたときは、なかなかうまくいかないことも。失敗したくないなぁ、嫌だなぁと思っていたときはダメでしたね。それがある時、スーッとできるようになったんです。鍋のほうから『今がいいタイミングだよ』『錫が溶けるよぉ』って話かけてくれるようになった！」

こんなふうに鍋の〝声〟が聞こえるようになったのは、錫を引く工程がおもしろいと感じるようになってから。必死すぎると、そこに気が付けない。でも、必死に取り組まないと、そこまでに到達できない。

そこに、毎日を続ける、職人仕事の本質があるような気がした。

何度も失敗して覚えていくもの

職人というと、しかめっ面をして頑固で一途、自分の仕事に誇りを、自分の腕に自信を持っている。時代や世の中が変われど、この定義はそう間違っていないと思う。そして、それがカッコイイ。とくに、〝しかめっ面〟に惹かれる。そしてその表情が、ふわっとほころんだり、ニヤっと笑った瞬間を見ると、とんでもなくラッキーだなと思う。それはこれまで取材してきたたくさんの人たちを見ての感想だ。

年齢のいった職人さんへの取材が多いせいか、こちらの若い職人――中村三兄弟はとても明るく感じられ、それが非常に新鮮に映る。

それは、20年ほど前に私が会った若い職人さんが、もっと深刻な表情をしていたからかもしれない。家業を継いでいる人も丁稚に来ていた人も、ここから羽ばたこう、抜け出さねばという心情が見えていた。当時の、変な経済概念のせいかもしれない。

中村三兄弟のように、そうしたことを知らない世代のほうが、リアルに今を見ている。今、自分たちがなすべきこと、やることとの見極めがちゃんとしているというか。現状を客観的に捉えつつ、いい意味で冷静なのが、今を生きる、これからの未来をつくる職人のあり方なのだろう。

家業を継ぐにあたり、どういった経緯があったかを訊いた。三人ともみな、小さな時から手伝いをしていたという。

長男・太輔さんは卒業後、ダイビングのインストラクターなどをしたのち、家業に入った。兄弟のなかでは、いちばん継がないのでは？と思われていたそうだが、11年のキャリアを持つ、もはやベテランだ。

「アルミを叩き出す仕事を祖父から教わりました。大切なことは怪我をしないこと、そのためには力まないこと、機械の状態をよく見ること」だという。

中村銅器製作所の機械は、かなり年季が入っている。昔ながらの鉄でできた大きな機械があるからこそ、手作業での工程のあれこれがうまくいく。

現在、同じような機械は存在しない。同じ作業をできる機械はあるが、とんでもない大きさであったり、この工場にはそぐわないという。そのためにも、機械と様子をたしかめながら作業すること、これが大事なのだそう。単純なようで単純ではない。ひとつひとつ集中するが、しすぎない。そこが感覚的にわかるようになるまで五年はかかったという。

次男の公嘉さんは、子どものときから物づくりが好きで、技術の授業でのカラーボックス制作など、非常に〝いいでき〟だったそう。金属ではなく、木工が好きで、専門学校は工学系に進んだ。卒業して百貨店系列の家具をつくる職人になった。好きな木工で食べて行く——その夢が叶ったが、親会社の合併があり、家具部門が閉鎖されてしまった。そこで実家に入った。

ふたりの兄と年が離れている、三男の晃暢さんは、二年前に働きはじめた。どちらかというと建築が好きで、幼少期はレゴであれこれつくっていたという。兄たちからは、「いろいろな技術を覚えている今がいちばん楽しくて大事なとき」とエールを送る。

そして、誰も、親から「跡を継げ、継いでほしい」とは言われていない。

恵一さんもそうだったらしい。父である二代目と同じ職人の道を歩むと決めたのも自分自身だった。あのころ、みな、そうだったように、商売をやっている家は、物心ついたときから手伝いをするのは当たり前

だった。そんなふうに子ども時代を過ごすうち、

「高校を卒業したら、そのまま手伝いの延長のように、ごく自然に働くようになりました。父も同じように入ったと聞いています。技術を磨くことに専念しましたが、父から怒られたことはありません」

修業時代に怒られたことがない、とは……。たいてい、修業というものは叱られることばかり。とくに職人仕事はハード、内容もさることながら、精神的に辛いと想像できるが、中村銅器製作所にはそんなことは今も昔もいっさいない。

「技術を覚えるために練習をしたり、挑戦しますよね。でも、そこで失敗するのは当たり前です。最初からできる人なんていませんから。失敗したことを怒られると嫌になりませんか？ 失敗してもそれを学び、なにが悪かったのかに気づく。そして、次に、その失敗をしなきゃいいんです。それに、職人仕事は、口で教えてもできるようにはならないもの。何度も自分で試して、何度も失敗して覚えていくものなんですから」

たしかに納得だ。その言葉しか出てこない。

やらなければ上達しない。叱られたら凹む。だから叱らず伸ばす。そういった中村家の教育が、恵一さんが跡を取り、その子どもたちも自然に跡を継いでいる、ということにつながった。

中村一家のどなたに話を聞いても、穏やかで、わかりやすく説明をしてくれるのは、そうしたＤＮＡの為せる技か。みなさん、なんとも、ふわりとしていて穏やかだ。中村さんの玉子焼鍋で焼き上がる、玉子焼きのように〝ふんわり〟と。

おいしい玉子焼きをみんなに

のびのびとした修業もあって、職人としての腕はメキメキと上達した。が、もちろん苦労がなかったワケじゃない。営業に苦労したという。父・清定さんは技術と営業、どちらの大切さも熟知しており、「旅先でも、その土地のタウンページを見ては小売店を調べていました。よい品をつくるだけでなく、知ってもらうことの大切さも教えてもらいましたね」

そうして脈々と続けてきたことと、商品の品質向上のための努力があって、今では「玉子焼鍋といえば中村銅器！」とまでになった。メディアに取り上げられる機会が多い。数カ月待ちという状況だ。

実際、「錫の焼き付け作業」は、一時間に20枚と、限られた数しかできないほど精度が求められる。ちなみに練習中の息子は5枚というから、いかに恵一さんのスピードが早いかがわかる。当然、玉子焼鍋だけをつくっているのではない。ほかの鍋もあれば、自社ブランド以外の納品もたくさんあるし、修理にも応じているし、海外からの問い合わせや注文も増えている。まさに〝てんてこ舞い〟だが、これだけ注文があって、後継者がいれば安泰だ。

「そうだといいんですけれどね。うちの思いとしては、多くの人たちに、おいしい玉子焼きを食べてもらいたということだけです。だって、玉子焼きって平和ですよね？　そのためにも、ずっとつくり続ける。ただそれだけです」

07

中村恵一

1960年
東京・足立区梅田生まれ

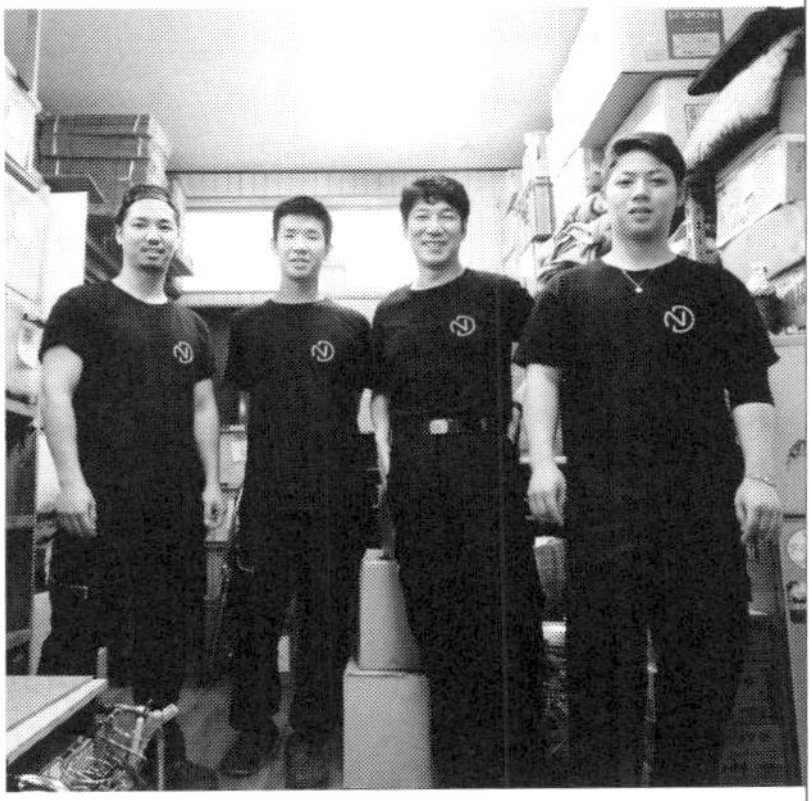

中村銅器製作所

東京都足立区梅田3-19-15
Tel：03-3848-0011

http://nakamuradouki.com/

結桶師

桶栄 川又栄風

08

Eifu Kawamata

桶としての機能美

桶のある暮らしを想像してみる、それも〃木〃の桶を。おひつ、飯台《はんだい》（寿司桶）、漬物桶、湯桶、風呂桶（洗面器）、手桶、花入れといったところだろうか。羅列して気が付いた。今の私たちの暮らしでは、木製どころか、桶そのものから遠ざかっていることに。だからか、桶は特別な存在に思える。祭器として使われるシーンが多いせいか、それとも、そこそこ値の張る鮨店や料理店で見るせいか。

川又《かわまた》栄風《えいふう》さんのつくる桶もしかり。いや、さらに尊い印象だ。樹齢三百年以上の、木曾の椹《さわら》でできた、真っさらな桶は非常に美しく気高い。栄風さんが「景色のいい桶」というように、桶そのものと、それが置かれている一角全体が絵になる。

まるで美術品のような。とはいえ、鑑賞するだけの美術品ではない。伝統工芸品ではあるが、ちゃんと〝使う道具〟なのである。椹という素材を使うにも理由がある。椹は抗菌作用に優れ、耐水性もあり、断熱性も高く、手ざわり（栄風さんは〝手馴染み〟と言う）もよい。道具としての機能性は、一度でも使えば納得。

たとえば、ワインクーラー。氷と水を入れてワインを冷やす道具だが、たいていのものは結露し、クーラー本体はもとより、テーブルも濡れてしまう。が、栄風さんのはまったくそんなことがない。時間が経っても外側は一滴も濡れていない。もちろん、氷も長持ちする。こんなにストレスフリーなワインクーラーははじめてだ。もしも、私が鮨職人だったら、シャリを入れるおひつも、酒を冷やすクーラーも、そして鮨種の乾燥を防ぐネタ箱も、すべてお願いしたい、と妄想してしまうほど。

栄風さんがつくる桶は、道具として緻密。そして、この美しさは、機能性あってこそだと実感できる。

外に出て知る家業の魅力

桶の定義は「短冊状にした木の板を円形に組み合わせて、銅や竹などの箍《たが》で結い締める形状をした、密閉しない容器」。では密閉する容器はというと、それはワインやウイスキーの熟成でお馴染みの「樽」となる。

桶が誕生したのは７００年ほど前、室町時代のことだ。往時から、桶は〝結物《ゆいもの》〟と呼ばれていた。結物とは、木の合わせ目だけで水が漏れないように結合する技法の意味を持つ。ちなみに木製容器は、刳物《くりもの》、曲物、組物、挽物、結物に分類でき、結物がいちばん新しい製作技術だ。

結物を手がける職人を〝結桶師《ゆいおけし》〟というが、この名称は、明応3年（１４９４）に編まれた絵巻物『三十二番職人歌合』に描かれているほど、室町時代後期にはすでにポピュラーな仕事だった。職人歌合とは、職人が二手に分かれて和歌の勝ち負けを競うもので、そうした書が存在しているということは、この時代に手工業が発達し職人が増えたことを示している。そこに結桶師が登場しているということは、それだけ桶は必需品で、酒や醤油、味噌、酢などの醸造にも欠かせず、また運搬にも重宝されたということだ。

江戸期には、さらにポピュラーな生活道具となり、産湯を使うための産湯桶から亡くなった際の棺桶など、人生のはじまりから終焉まで、桶と人は密接に関わってきたのだった。

「桶栄《おけえい》」は明治20年（1887）に、江東区（当時は深川区）深川で初代の川又新右衛門さんが創業した。深川・木場あたりは、木材流通の起点で材木商が多く、ゆえに木材を扱う職人も多くいた町である。

また、深川といえば、徳川家綱の時代に形成された花街《かがい》が思い浮かぶ。粋と気っ風のよさを売りにした辰巳芸者がおり、木場の材木商を相手に商売をして賑わった。

桶栄が創業したころにも、当然、料亭は多数あって、新右衛門さんがつくる飯びつや桶は「姿と仕事がよく、丈夫」と評判を呼んだという。江戸のおひつには、被せ蓋が付き物で「江戸櫃」と呼ばれ、今もほかと区別されている。蓋と身（本体）がピタリと合う技術がすばらしく、これができる江戸櫃の結桶師は、桶職人のなかでも一目置かれる存在だった。

栄風さんは、そんな桶栄の四代目で、現在、東京に唯一残る江戸結桶の職人だ。木材を扱う職人が多かったというのは、はるか昔の話。栄風さんが生まれた昭和35年（1960）には、桶職人の姿は減りつつあった。その理由は、高度経済成長期以降、木製の桶が、安価で便利なプラスチック製に替わっていったから。とはいえ、桶栄は祖父と父のほか、何人かの職人さんを抱えていたという。

小さなときから、父と祖父の働く姿を見て育った栄風さん。大学時代には家でアルバイトしたものの、将来、継ぐということはいっさい予定していなかった。

「私が10歳ぐらいのころは、ふたりほど職人さんがいました。でも、すでに、そのころは会社勤めしているほうが物質的に豊かとされた世の中です。親としても『職人という仕事は先行きが大変。子どもにはやらせない、別の仕事に就かせよう』と考えていましたね」

明らかに時代は〝安易な使い捨て〟が主流になっていた。なんでも大量生産されるようになり、安価な品が増え、使い捨て・買い換えに移行しているころだ。いいものを修理しながら大切に使うことは、どんどん少なくなっていた。桶もそうだ。プラスチック製品はもとより、木製の桶も、秋田や長野などに工場が増えて量産されたものが台頭していた。

そして、栄風さんが大学生ともなると、さらに〝手仕事の職人〟は減少していった。本人としては、やはり実家を継ぐつもりはなく、家族からもそう示唆もされず、ふつうに一般企業への就職活動をした。昭和60年（1985）、バブル景気スタートの前年だ。まだ浮かれ気分はなく、就職活動そのものは、「どちらかといえば厳しい状況でした」とのこと。

そして、希望通り、オートクチュールを扱う婦人服メーカーに就職。けれども、サラリーマンとして勤めて二年ほど過ぎたあたりから、自分の将来や生業について考えるようになったそうだ。

「勤めていた企業も、〝物づくり〟です。オートクチュールは手作業ですし、パタンナーや裁縫士、テキスタイルデザイナーといった方々がいらして。そうした仕事を見るうちに、自分も〝つくる〟仕事をしたいと思うようになりました」

ちょうど美術や骨董、茶道具にも興味が深くなっていたこともあり、錦絵を扱う商売はどうだろうとか、唐津で陶芸を志そうか、それともあらためて服飾を学ぼうかと考えたりするようになったという。

「服飾デザイナーになる道もあったんです。『教えてやる』とおっしゃってくださる先生もいました」

けれども、時同じころ、カナダから日本に移住し、通訳などをしながら、日本のことを勉強している人と知り合った栄風さん。

「その方が、うちの仕事を知って、『これをやったほうがいいのでは』と言ってくれたんです。あらためてそういう目で見てみると、それもいいかなと思い、親父にやりたいと相談しました」

そして、父・栄一さんのもと、結桶の修業をはじめた。栄風さん、25歳のことだった。

樹齢300年の素材と向き合う

栄風さんが家業に入ったのはバブル真っ盛り。めまぐるしく時代が変わるなか、職人仕事の修業というのも、過去とはずいぶんと異なっていた。

「厳しい修業というのではなかったですね。親父が修業していたころは、失敗すればすぐさま叩かれたりしたそうですが、そうしたことはありませんでした」

物心ついたときから、父や祖父の姿を見ており、大学四年間も、材木を伐る、材料の買い付けに付いていくといったアルバイトをしていたから、結桶という仕事にはスッと馴染んだそうだ。

　入って、いちばん最初の仕事は〝竹製の合釘〟をつくることだった。合釘とは、爪楊枝程度の太さで長さ1センチほどの、板と板とを合わせる際に補強として仕込むものだ。竹材を小刀で削り、何十本、何百本もの合釘をつくることから、栄風さんの結桶師修業がスタートした。〝スッと馴染んだ〟ということは、初っ端から順調だったかというと……

「それがそうでもなく。カラダの使い方がそれまでとはまったく違いますから、そこがいちばん辛かったことでしょうか。結桶は全身を使っての仕事です。全身といってもスポーツとも異なる動きですし、瞬発力ではなく継続して力を使うという作業が続きますから、仕事が終わるとヘトヘトでした。思い出すと最初のころは、晩ごはんを食べてちょっと休憩のつもりが、座ったまま寝てしまったこともありました。カラダが慣れるまでは時間がかかりましたね」

　継ぐと決めたのが、「25歳でよかった」とも語る。

「そのあたりの年齢がギリギリでしょうね。30代になっていたらカラダがキツくて、一人前になるまで持たなかったかもしれません」

　カラダの使い方がある程度わかるようになると、仕事がスムーズになった。栄風さんが言うところの〝スムーズさ〟は、桶栄のウェブサイトにある、桶づくりの工程をまとめた動画を見るとよくわかる。

「自分であの動画を見て、楽に作業しているように見えました。変に力を入れている感じがなくて」

　そうなるまでには、かなりの年月がかかる。だいたい、ひと通りの仕事ができるまでに10年は必要だ。工程のすべてをひとりで担うようになって、〝まあまあのもの〟ができるという。

　桶栄での桶づくりの工程はおよそ70から150にも及ぶ。椹の原木を割り材に加工し、それを何度も削り上げ、隙間のないよう束ねて、さらに磨き、白銀の箍を嵌めて仕上げに。そうしたすべてをひとりで、手作業で行うのである。

　まずは、樹齢300年余の、長さ5メートルの天然の木曽椹を仕入れ、一年以上乾燥させる。その後、つくるものの高さに合わせて、輪切り（玉切りという）にする。玉切りした材は、「くれ」と呼ばれる鉈《なた》で柾目《まさめ》に割り、天日で乾燥させる。この日も、工房の庭には円柱状に積み上げられた割り材があった。多少の雨や風は問題なく、そのまま外に積み上げたまま。むしろ雨が少ないときは水を撒くのだという。

「台風のときは取り込みますが、ふだんの雨ならこのまま。天日と風雨にさらすことで、余分な油分やアクを抜くんです。これは五月の頭ぐらいから乾燥させているもので、四カ月ほど。まだまだという状態ですね」

外で充分に乾燥させた割り材は、作業場でさらに乾燥させたのち、室《むろ》で一日燻す。

そうして準備万端整った材を、十数種類もの、結桶専用の道具を使い、手作業で桶をつくり上げていく。

言われた通りでは半人前

桶ができるまでの主な工程は、「木取り・荒削り」「正直《しょうじき》」「輪口とり」「のりづけ」「木口切り」「端切り」「内中仕上げ・内仕上げ」「みぞ切り」「外仕上げ」「箍しめ」「天・底板はめ」「面取り」「足つけ」「木口仕上げ」「みがき」といったところだ。


作業場には、のりづけ（仮組み）した状態の桶がいくつも積み重なっていた。桶は9～11枚程度の材を組んでできるのだが、栄風さんの品は、それらのつなぎ目がわからない。すべすべとなめらかな手ざわりで、とても複数枚で構成されているとは思えない。

でも、この仮組みを見れば、複数枚の板が合わさっていることが理解できる。また、どの板も同じような幅に見えて、じつはマチマチで、狭い板や広い板をバランスよく使いながら、すべてを同じ直径にしている。

ちなみに、つくる際にはそれぞれの板のサイズを計測しないし、機械で一律に削りもしない。〝すべては感覚〟と言い切ってしまえるほど、長年の経験に基づいたこその技なのである。

祖父から父が受け継ぎ、それを栄風さんが教わる……ああ、これぞまさに代々伝わる技術なのか。それに、丁寧にマンツーマンで教わると、飲み込みも早く、上達するのか？

「そういうことはありませんね。あとになってわかったことですが、親方が教えてくれたうち、弟子に伝わるのは3割ぐらいなんです。『ここは、こういうふうにしてやるんだよ』と、その通りにやってもちゃんと

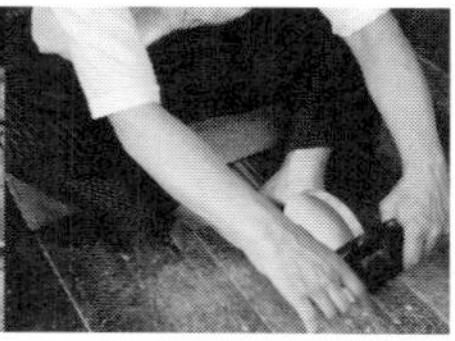

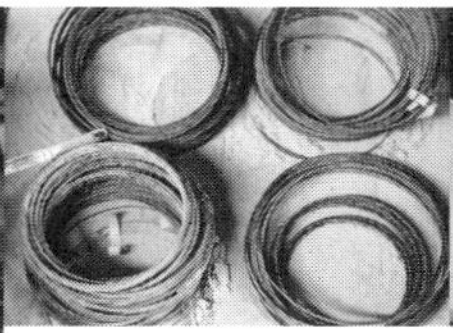

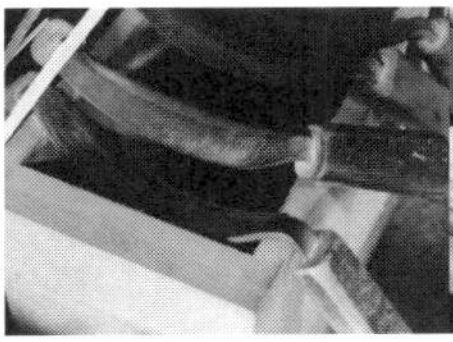
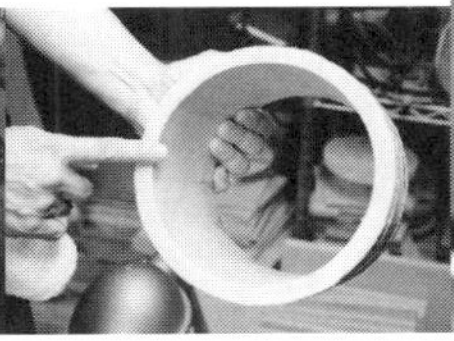

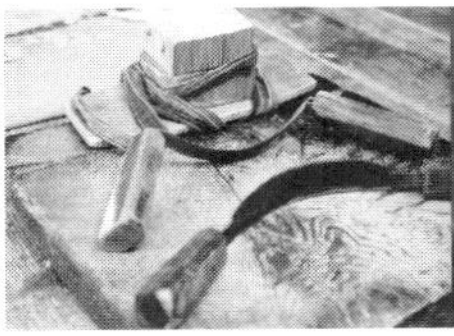

お邪魔したのは今年の7月。正直鉋による削りと箍をはめるところを見せていただく。静かな空間に削る音が気持ちよく流れる。椹と箍だけでつくられる栄風さんの品は、この工房で誕生する（＊9月に新工房へと移転）。

できない」

　なんとも意外だ。具体例をあげると、たとえば、

「鉋の刃の調子（出し方）を教えられ、刃を研ぐ角度についてもつぶさに教わって、その通りにしても、同じようには木を削ることができません。父と私とでは体格も筋力も違う。この差を自分なりに修正しないとうまく行かない。鉋削りだけじゃありません。すべての作業に当てはまることです。だから〝言われた通りに〟やっているだけでは半人前のままなんです」

　親方が手取り足取り教えてくれて、弟子も脇目も振らず熱心に言う通りにしていれば、すぐに一人前になれるのかと思っていた。よもや、体格や筋力の違いが、仕事の仕方に大きく影響するとは。

　電動の工具や機械を使う仕事であれば、それほどシビアではないかもしれない。だが、桶づくりは完全なる手作業だから、一律ではないということ。道具も仕事も自分流に微調整することが大前提なのだ。材に対しても同じこと。油分の多さや、木の硬さなど、それぞれ木味が異なるため、それに応じた〝やり方〟を工夫しないといけないのだ。

　でも、そこに〝気づく人〟と〝気づかない人〟との差はどこにあるのか？　どうして栄風さんは気が付いたのか？

「それは、いつまでたっても、ちゃんとできなかったからです。『どうしてできないのか？』を延々と考え、カラダを動かした結果、自分のやり方がわかって、カラダに合ったものになっていったんです。これで一人前になれたと思いました」

　とかく慣れると、人は「うまくできた」と錯覚しがちだ。いや、「できている」と信じ込もうとする。でも現実は「その気になっているだけ」のことが多々あると、自己をちょっと反省してしまう。

　さて、実際の作業を見せていただこう。今日は「正直」の工程だ。正直というのは、板の側面を削る作業のことで、正直台という1メートルもある大型の鉋を用いる。桶の形状は上部が広く、下部が窄まるよう勾配があるから、その傾斜に合わせて楔《くさび》形に削るのだ。削った板同士が、吸い付くようにピタリとハマる様子はなんとも清々しい。

　削る角度や長さなどは当然数値化されていると思いきや、「定番の品は〝目見当〟で。オーダー品などは組みながら調整しています」とのこと。

栄風さんの桶づくりは、先述したように工程が多いため、ノコギリ、小刀、数種類の鉋など、使う道具のバリエーションも多い。

板の内側をカーブ状に削る際には、「銑《せん》」と呼ばれる弓なり状になった専用の鉋を使い、底の板を丸く切るときは、「廻し引き」という宮大工が使う道具も用いる。道具のかっこよさ、そしてそれを自分の利き腕の延長線のごとく操る栄風さんは、とてつもなく素敵だ。手入れがなされ、短くなった刃にも物語が見て取れる。

親方に言われたままでなく、自分なりの調整をすることに気づいたことが、一人前への第一歩だったが、道具の手入れ（＝研ぐこと）にもその〝気づき〟があった。

「あるとき、本当の意味で〝研げている〟ことがわかったんです。天然の砥石は使ううち、砥糞という砥石の粒子がクリーム状になって出てきます。刃と砥石の間に砥糞があり、石ではなく砥糞で研ぐ。『砥糞は捨てるなよ』と教わっても、真意はわからなかったんですが、何度もやるうちに砥糞が薄い膜になって……『あ、ここで研いでいるのか！』と感覚的にわかったというか。それまでも、いい切れ味に研げていましたが、さらに研ぐことができるようになりました。発見したと言うと大げさですが、実感としてわかったという瞬間がありました」

大切なのは機能性と時代感

桶栄で使う材料は「樹齢300年以上、天然の木曽椹」のみ。樹齢300年以上と簡単に口にするが、大変貴重なものであることは間違いない。機能性については冒頭に記したが、栄風さんが使い続ける理由を訊くと、

「高樹齢のものは年輪が緻密。見た目がきれいで変形もありません。だからしっかりした状態を保つことができる。また、まろやかな、いい香りなので、ごはんなどデリケートな香りを損なわない。水にも強く、酸にも強い。長所がたくさんあるんです」

いい材料でいい仕事、そしていいカタチなのだから当然だが、栄風さんの品はかなりお値段が張る。「一生モノ」と言いワケをして購入したいが……

「一生モノです、とは私からは言いません」とピシャリ。でも誤解なきよう！ 30年、40年は使えるし、修

理ももちろんできる。それよりなにより、そうそう壊れることはない。だが、なぜ栄風さんは「一生モノ」という言葉を使わないのだろうか。

「椹の白木の魅力は、ほかの木材とは異なり、さわやかというかスカッとしているところです。おろし立ての浴衣のようにパリッとしているようなイメージといいますか。長年愛用して、生地も馴染んで着心地がよくなるのもいいんですが、真新しいときの、ちょっと張った感じがいいですよね。それと同じような印象が椹にもあるんです」

ごもっとも。たしかに、椹のおひつはいつも清潔でシャキッとしている印象だ。となると……長年使いこまれた経年変化による〝味〟というのは、椹の品にはそぐわない。そういった意味での「一生モノではない」ということか。とはいえ、使うたびに手に馴染み、愛着が湧く道具であることには間違いない。椹ならではのさわやかさを維持しながら使い続けるには、ふだんの適切な手入れが必要だ。また、削り直しや箍を締め直すなど修理も可能である。

栄風さんは、上質な材料を使い、百年以上も積み重ねられてきた伝統的な技法を用いる。同じように伝統を守っている人はたくさんいるだろう。だが、栄風さんが今のこの時代に支持されるのは、栄風さんならではの、新しい風を吹かせているから。

そう言うと、ワインクーラーやオーバルコンテナ（多目的に使える器）など、私たちの今の生活にマッチした商品に目が行くが、それだけではない。

伝統的な桶の寸法や厚さを微妙に調整したり、箍の素材を銅から洋白銀に変えたり、箍の本数を増やしたり――こうしたヴァージョンアップが、四代目として質を向上させ、時代のニーズに合った物づくりの根幹を成しているのだ。

「長年使っていると、銅の箍は酸や塩分で緑青が出てしまい、その手入れが面倒です。また比較的やわらかい金属なのでズレることも。手入れが楽で強度もあるような金属を探して試すうち〝洋白銀〟にたどり着きました」と言うように、見た目のよさ＝和風なイメージからモダンにしたのではなく、あくまでも機能を優先しているのだ。

「伝統工芸で新しい作品を」だとか「今までにない伝統工芸を」と請われることも多いという。でも、栄風さんは、そこに意味を求める。機能性あってこその力

08

川又栄風

1960年
東京・江東区深川生まれ

桶栄

東京都江東区千田6-10
Tel:03-5683-7838

www.okeei.jp/

タチしかり、素材しかり、デザインしかり。だからか、職人としてだけでなく、工芸家としての仕事の幅も広がっている。

「新しいだけの、物づくりを目指そうとは思っていません」

斬新なだけでは飽きる。でも〝昔ながら〟だけでもダメだ。伝統を守りつつも、少しだけ〝時代感〟を落とし込む。それができるのが栄風さんなのだ。

数十年後に見ても、変わらぬ美しさを持ち、ずっと使いたい道具、使わせてくれる道具であること。職人としての川又栄風と、工芸家としての川又栄風。そのふたつの顔で唯一無二の〝桶を結う〟。

ビヤホール主人

ビヤホール ランチョン

鈴木 寛

09

Hiroshi Suzuki

神保町を見つめ続けて110年

たかがビール、されどビール。一日の仕事を終え、ささやかなるご褒美として、また、平日の真っ昼間、世間さまに申しわけないとつぶやきながらグラスを口にするときなど、私の、日常のあらゆるシーンでビールは欠かせない存在だ。

「ビールはうまい」と気づかせてくれたのが「ビヤホールランチョン」だ。今年（2019）で創業110年。通うようになって10年ちょっとだが、ランチョン前と後とではビールとの付き合い方が変わった。それまでは「ビール以外の酒類全般、大好きです」と公言していた。つまり苦手だったのだが、「ランチョンの生」

に開眼。おいしさの秘訣を語るほど。

その秘訣とはズバリ、日々の温度管理と泡、そして水の膜にある。それらを徹底しているからこそ、ランチョンのビールはうまい。銘柄はアサヒビールのアサヒ樽生ビール、黒ビールなど、ふつうに流通しているもので、よそと違いがあるわけじゃない。「生ビールはイマイチ苦手」なんて敬遠している人こそ、ぜひに。

そんなランチョンがあるのは東京・神田神保町だ。言わずと知れた本の町で、明治39年（1906）にはすでに書誌街として形成され、当時106軒の書店があったという。現在は出版社、取次店、印刷、製本業者、編集プロダクションなど〝出版に関わる〟業種を含め、また近隣の神田小川町、神田猿楽町、神田錦町、西神田を入れると、その数は700弱にもなるとか。

この町で老舗の飲食店として知られるのがランチョンだ。創業は明治42年（1909）、初代・宮本治彦さんが、現在地より、ちょっと駿河台下に下った一角に西洋料理店を開いたのだった。110年と軽く口にしたが、現マスター・鈴木《すずき》寛《ひろし》さんで四代目だ。ひいおじいさん、おじいさん、お父さんと続き、近い将来、寛さんの子どももそれを受け継ぐ。折りしも11月は「110周年記念感謝ビール」と題して、おひとり・一日・一杯限りの「110円ビール」を特別グラス付きで提供した。

さて、私が頻繁に出入りするようになって、まだ13年。お客さんを見れば、30年、40年はざらにいる。じつは、ここのウチはみな、客商売なのに人見知りが激しい。今では、すっかり仲良くしてもらっているが、そうなるまでには時間がかかった。ゆえに、一見やそれほど頻繁じゃない人らには、なかなかにぶっきらぼうな応対だ。おそらく、これはオーナー一家、代々、受け継がれている性質なのである。

とはいえ、この〝ぶっきらぼうさ〟に惹かれる人も多い。ゆえに、長年足を運んでしまうのでは、と分析している。もちろんビールも料理も変わらずおいしいというのが大前提だが。

先代マスターの一郎さんが亡くなったのが、平成26年（2014）の3月のことだ。その一カ月後、店を贔屓にしてくれたお客さん方やご近所さんらに声をかけて、ビールと洋食を振る舞う「偲ぶ会」が行われた。ランチョンのビールを模した祭壇に、かつて雑誌に掲載された、一郎さんお気に入りのポートレートを遺影にした。

弔問客には著名人も多数いた。立食スタイルのなか、喪主である、寛さんがビールを注ぎ、一郎さんを偲びながら、寛さんを応援する、そんな客たちの姿がとても温かかった。

偲ぶ会の七カ月後、それまでホールを切り盛りしていた、一郎さんの妹・喜久子さんが、古希を理由にランチョンを引退した。何十年も、寛さんと、弟の治さん、そして喜久子さんがいつも店にいたが、一郎さんが亡くなったあと、治さんは独立し、御茶ノ水に自分の店を構えている。

だから、寛さんは猛烈に働いた、いや、働かざるを得なかった。それまでも老舗の繁盛店ならではの忙しさではあったが、ビールを注ぐ人間がふたりいた。それが寛さんひとりになってしまった。以前は早番遅番と分担できていたのに、開店時間の11時30分からラストオーダーまで、ずっと店に立ち続けなければいけない。相当に厳しかったが、それも持ち前のタフさですぐに慣れたとは言う。

今は、大学生の長男と長女が店でアルバイトをしてくれて、心強い戦力となっている。また〃できるバイト君〃たちも多数いる。そうしたなかで迎えた110年。寛さんは、ひときわ、うれしそうだ。

作家とのエピソードかくありき

さて、ランチョンが開店した時分に話を戻そう。

冒頭の通り、神保町はすでに本の町。今以上に新しモノ好きが集うハイカラな町だった。まだ珍しかったビールを出すランチョンは、そうした人々が集う店として人気を博したという。

日本ではじめてビールが飲まれたのは、江戸時代中期、八代将軍・徳川吉宗の時代のこと。長崎でオランダ人が持ち込んだものを阿蘭陀通詞（通訳兼商務官）が飲んだという。『和蘭問答』にビールを飲んだ感想が記されているが、その文面を見る限り、当時の日本人の口には合わなかったようだ。

そして、日本人がビール醸造をはじめるのが明治5年（1872）。大阪で渋谷庄三郎がつくった「渋谷ビール」がそれで、その四年後には札幌麦酒醸造所（サッポロビールの前身）が誕生し、明治22年（1889）にはアサヒビールの前身である大阪麦酒が創業した。次第に続々とビール会社ができ、各ビール会社が、洋食とともにビールを提供する「ビヤホール」を開業して、東京にビール文化が広まっていくのだった。

明治39年（1906）には、札幌麦酒、大阪麦酒、日本麦酒が合併して大日本麦酒ができ、その三年後にランチョンが開店したのだ。創業当時（現在もだが）、ビールは鮮度が大切で、ランチョンは大日本麦酒の工場に近いという立地もあって、「旨いビールを飲ませる店」として評判になった。

時代を、ぐっと昭和30年、40年代に進める。出版社の多い神保町という場所柄もあって、ランチョンには多くの作家や文人が頻繁に訪れた。その理由は「編集者と打ち合わせをするのにもってこい」の場所だったから。ちょっと一杯飲《や》りながら打ち合わせをするという姿はスタンダードだったのだ。

なかでもつとに贔屓にしたのが吉田健一である。英文学者であり作家、いやその前に、吉田茂の長男といえば通りがいいか。吉田は食通で健啖として知られ、酒や肴、旅を題材とした随筆を遺した。ちょっと引用してみる。

この頃はロンドンを飛行機で朝立つと翌日の晩には東京の町を歩いていられる。実際に飛行機が飛んでいる時間はロンドンを朝の何時に立って東京に翌日の何時に着いたということで計算しても地球が東京の方からロンドンに向って廻転していて一時間である筈のものが刻々に縮められて行くから解らないが要するに一日を飛行機の中で過すということはその一日の意味に多少の幅を持たせさえすれば言える。

——『旅の時間』（講談社文芸文庫）より——

……と、読点が極端に少なく、悪く言えば読みにくい。が、この独特のリズムに慣れると妙にクセになる。喩えるなら酩酊しているような。作品を通して、この調子なのだが、なぜか、酒場エッセイとなると、少し読みやすくなるのが不思議だ。

例えばビヤホールというものがあって、これはどこの何というビヤホールと決めなくても大概のビヤホールならば先ず気楽に飲める。そこに来るものが見た所は皆その積りでいるらしいから不思議なものでビール一杯飲むのに勿体振ることはないということもあるのだろうが、それにしてもただ何とはなしに入って飲んでいるのだという感じは捨て難い。

――『私の食物誌』(中公文庫)より――

「毎週木曜日、決まった時間にいらしていたそうです」とは寛さんの弁。「そうです」となるのは、寛さんに、吉田健一が来た当時の記憶はほとんどないから。明治45年(1912)生まれの吉田健一が亡くなったのが昭和52年(1977)。中央大学文学部での講義を受け持っていたのは51歳から57歳のこと(1963年4月〜1969年3月)。当時二、三歳の寛さんに、その記憶を求めるのはちょっと無理なこと。

そこで、寛さんの父・一郎さんの言葉を借りる。

「約20年間欠かさず、毎週木曜日の午前11時30分にいらしてました。本当に几帳面な方でしたよ」

吉田にまつわるエピソードはまだ続く。昭和50年(1975)にランチョンが火事になったときのこと。避難する客のなか、吉田だけが、ひとり悠然とビールを手にしていたという。

そんな吉田が考案した「ビーフパイ」は、今でもランチョンの名物メニューのひとつである。「ナイフ&フォークを使わず、手でつまんでビーフシチューを食べたい」という吉田の要望に応えて誕生した料理だ。サンドイッチ伯爵しかり、会話や読書の手をわずらわすことなく(伯爵はカードゲームだが)、スマートにビーフシチューを胃袋におさめることができるというわけなのだ。今、ランチョンでオーダーすると、ナイフ&フォークも一緒に出されるが、ここは吉田に倣って、手掴みでかぶりつきたい。

吉田〝ゆかり〟といえばもう一品、「ウイスキーリプトン」を。熱々の紅茶にたっぷりのウイスキーを注いだ、これまた吉田オリジナルのメニューだ。往時の吉田は「ごしゅじーーーん!」と呼び、「リプトーン!」と紅茶を注文した。紅茶が出されると、そこにサントリーオールドをダブル注いで飲んだという。現在、メニューには掲載されていないがオーダーは可能だ。ただし、サントリーオールドでなく、ニッカであることも付記しておく。

そんなふうに〝ランチョンといえば吉田健一〟と、フィーチャーされているが、訪れる文人らは枚挙にいとまがない。出版黎明期を支えた人たちは無論、芸能、演芸、政治と幅広い分野の人たちに愛されている。

そうそう、昨今では森見登美彦が『熱帯』にランチョンを登場させ、主人公がバヤリースオレンジと仔牛のカツレツを食していた。先日の直木賞発表の際もランチョンで吉報を待っていたそうだ（残念ながら受賞は逃したが）。

「やけに、バヤリースオレンジと仔牛のカツレツが出ると思ったら、そういうことだったんだ」

小説に疎い寛さんは、モリミン（森見さんの愛称）ご本人はもとより、そうしたモリミンファンが〝聖地巡礼〟として、ランチョンを訪れていることに気が付いていなかった。

注ぐことができるのは店主のみ

寛さんは現在、54歳。物心ついたときには、漠然と「店を継ぐ」と決めていた、あくまでも漠然とだが。その証拠に、小学校、中学校時代の渾名はそれこそ〝ランチョン〟だった。三人兄弟の次男で、年子の兄と、四歳下の弟がいるにも関わらず、〝ランチョン〟と名付けられたのは寛さんだけだ。

寛さんが生まれたとき、ランチョンは以前の建物で（先述の火災の二年後に、現在のビルになった）、一階が店舗、その上の階で一家は暮らしていた。

「店を継いだので、『長男ですか？』と、よく聞かれますが、三人兄弟の次男。大学を卒業していったんよそへ修業に出て。戻ってもう30年に」

山の上ホテル、帝国ホテルで接客を学び、ランチョンに入社。先代である父が亡くなるまで、弟・治さんと店を守ってきた。

ランチョンの営業は月曜から土曜の週六日。先述の通り、開店からラストオーダーまで、寛さんは休むことなく働いている。総席数は１００席と神保町随一の規模だから、もちろん、ひとりでホールを担うのではなく、これまた先ほどの長男長女、学生アルバイト、パートさんらが担うのだ。

となると……寛さんは厨房？　いえいえ、〝ビール注ぎ職人〟なのである。ビール注ぎとは、ランチョンを象徴する「生ビールを注ぐ」という大切な仕事である。そして、このビール注ぎは、歴代の店主のみに許されたもの。店主のみ、なんて言うと大仰に聞こえるが、それだけ、ビールという存在はランチョンにとって特別なのである。

Urquell
ビヤホール
ランチョン

カウンターから離れられないほど、昼夜問わずビールのオーダーが入る。ハンバーグ、メンチカツ、オムレツ、ナポリタンと王道の洋食メニューもおいしい。厨房は任せているがドレッシングだけは寛さんがつくっている。

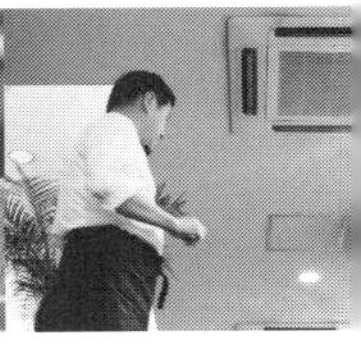

一子相伝——寸分違わず同じ注ぎ方かというと決してそうではない。親子三人が店にいたときは、一郎さんは一郎さんの注ぎ方、寛さんは寛さんの注ぎ方、治さんは治さんの注ぎ方というように三者三様だった。それぞれのビール哲学があって、客はその違いを楽しんだりしたものだった。

今は、寛さんしかいないから、その違いをとやかく言うのは野暮だが、寛さんはじっくり注ぎ、治さんはササッと注ぎ、一郎さんはその中間、ということだけ記しておく。

「そんな面倒なことばかり言ってないで、早く飲んだら」と寛さん。そうだ、ここに来たのなら、御託を並べず、ともかくビールに口をつけるべし。冒頭で言った「生ビールの旨さに開眼」させてくれたビールのおいしさは、飲めばすぐわかるはずだ。

嗜好品ゆえに〝おいしさに正解〟はないが、スッと出されたグラスを見れば、ゴクリと唾を飲まずにいられない。こんもりと、あふれんばかりの、いや、あふれるきめ細やかな泡、グラスの外側がつやつやと濡れつつある、その姿。ああ、うるわしや。

「どうして、こんなに泡が?」なんて疑問はあるだろうが、まあ、ひと口グビリ。なめらかな口当たりに唇と舌が喜ぶ。苦いとか刺激が強いとか、ビールにとってよろしくない箇所はいっさいなし。ビールの風味、心地よい喉越しがずっと続き、最後のひと口まで変わらぬ味わい……と、ビールのポテンシャルが最大に引き出された一杯なのである。

もちろん、おいしく提供するビヤホールはほかにもある。が、ランチョンのビールはなにかが違うのだ。「特別なことはなにもしていない」と寛さんは言うが、ビールを注ぐ姿を観察すると、明らかに違いがあった。

そんなランチョンで飲むことができるビールは現在5種。アサヒビールの「アサヒ樽生ビール」(メニューには「アサヒ生」)と「黒」に「琥珀の時間」、そしてチェコの「ピルスナーウルケル」、オランダの「グロールシュ・プレミアム・ヴァイツェン」だ。メニューにはないが、アサヒ生と黒とを半々にする「ハーフ&ハーフ」もある。

アサヒのビールというと「スーパードライ」を思い浮かべるだろうが、こちらは「アサヒ樽生」。通称〝マルエフ〟と呼ばれるもので、スーパードライ以前からある、アサヒビールにとって伝統的な銘柄で業務用オンリー（つまり小売していない）。

そして、このマルエフを飲むことができるのは、かつては東京でランチョンを含め二、三軒だけだった。〝かつて〟というのは、じつはマルエフ、昨年春から全国展開されるようになってしまったのだ。

スーパードライとは異なる、しっかりとコクがあるのにキリッとした味わいをあちこちでいただけるのはうれしいことだ。が、ちょっぴり悲しいような……気がするのはファンの勝手な思いか。

いわゆる希少価値がなくなったとはいえ、ランチョンで飲むマルエフ、いやビール全般は格別。寛さんは「特別なことはなにも」としか言わないが、聞くと、やはり特別なことだらけだ。

「よく〝キンキンに冷えたビールが旨い〟と言いますが、冷たすぎては、本来の味や香りを感じられません。だから毎日の気温や天候によって温度を調整しています。年間で平均すると10℃前後といったところかな」

そう、まずは温度の違い、ここが職人の技・その1である。よそよりは、ほんの少し高いのだ。

ビールは冷えてりゃいいってものではない。すごくよくわかる。冷えすぎると泡立ちが悪く、麦の成分が凝固して濁りも発生する。見た目からしておいしくない。また、せっかくの香りも薄まってしまう。では、どう温度を調整するのかというと？

たいていのお店では、ビール樽から送り出されたビールをサーバーで瞬間的に冷やすが、ランチョンは、カウンターの後ろ（背面）に冷蔵庫があるので、そこでビール樽を冷やす。その樽とサーバーとをつなぎ、サーバーで温度調整をして提供できるのだ。経験で培った〝適温〟がビールを旨くする。うん、ビールそのものを伝えてくれるのだ。

職人の技・その2は、独特の泡である。

「泡なんて味もないし、なんのために存在するの？と思ってるでしょ。でもね、ビールの泡にはね、大切な役割があるんだから。最後までおいしく飲んでいただくためにね」

当たり前のことだが、ビールは空気に触れると酸化する。酸化とはすなわち劣化。しかし寛さんがつくる〝しっかりとした泡、こんもりとした泡〟が持続するので、ビールは空気に触れない。

「先に泡だけ啜っちゃうというのはナンセンス、無粋の極みです。そんな人、いませんから」

こう話す間も、ビールのオーダーが次から次へと入る。寛さんの、ビールを注ぐ姿を眺める。

一連の動作はとてもスムーズ、すばやくも丁寧で美しい。一見、ぶっきらぼうだが、よく見ると繊細だ。

「ビールに含まれる炭酸ガスを、ゆっくり丁寧に抜く。だから最初は勢いよくビールを注いで、ビールと泡の割合を半々に。しばらく待つと、グラスの下のほうからガスで泡が押し上げられてくるでしょ？　すると泡が固くなって層になる。そこにビールを注ぎ仕上げます。これ、缶ビールでも試してみて。確実においしくなりますから」

この手法、昨今のビール好きの間では〝二度注ぎ〟として知られるもの。ときに三度注ぎであったり、あるビヤホールのマスターの名前に敬意を称して〝●▲■注ぎ〟と自称することもあるが、寛さんはそんな名称に興味はない。ついでにもうひとつ、ランチョンのビールサーバーのコックも伝統のもので、これを扱える人は少ないとか。

「そんな、ウンチクみたいなことはどうでもいいから、早く飲みなよ。おいしさが逃げちゃうよ」

と、寛さんは我関せず。世間の風潮を気にしない。

そして、寛さんにとってビール注ぎは特別なことでもなんでもないと言う。単に、幼いころから父や祖父の手を見て覚えてきたこと。頭で考える前にカラダで覚えたのだ。

温度と泡、そしてもうひとつ大切なこと。そう、職人の技・その3はグラスの管理である。グラスが清潔であることは当たり前。そのためには洗浄スペースも洗浄するスポンジもグラス専用だ。そして、ビールを注ぐ直前に、専用の機械で、グラスの内側に水の膜を張る。このベールが、ビールのおいしさを損なわない。

「ほら、〝損なわない〟って言った。うちはメーカーから届く、質と鮮度のいいビールのおいしさをそのまま提供しているだけなんだから」

特別なことはなにもしていない――こう言い切れるのは、毎日の積み重ね、それも代々、受け継がれているからこそ。日々、当たり前のことを都度しているだけにすぎず、それが仕事なのである。

ビールを注ぐときに、なにを考えていますか？

「この質問も、よく受けるけれど。『お客さまにおいしいって言っていただけるように注いでます』と言えば満足してくれるの？（笑）　いちいち、そんなことを言うのってかっこ悪いでしょ。いつも変わらず、何年か振りに来てくださったお客さん、たとえば『君のおじいさんのときから通っているんだ』という方にも、『ランチョンのビールはいつも一緒だなぁ』と思ってもらえるように。そうであればいいかな。いいや、やっぱり、なにも考えてないよ」

数カ月前から、長女がビールを注ぐようにもなった。ランチョン的に言えば「許されるようになった」ということか。

「まだ、お試し期間だけどね。でも、きっと彼女はいい跡取りになる。よかったね、あなたがおばあちゃんになっても、ランチョンはここで商売してるよ」

09

鈴木 寛

1965年
東京・千代田区神田神保町生まれ

ビヤホール ランチョン

東京都千代田区神田神保町1-6
Tel：03-3233-0866
営業時間：11時半～21時L.O.
（土曜は20時L.O.）
定休日：日曜・祝日

www.luncheon.jp/

陶工

卓袱堂

今泉 卓

10

Taku Imaizumi

〝陶工〟であることの矜持

「たくさんありますよ。お腹に入るのなら、どんどん召し上がってください」

自らキッチンに立ち、料理を振る舞うのは、神奈川・鎌倉に工房を構え、茅ヶ崎の自宅にギャラリーを持つ、陶工の今泉《いまいずみ》卓《たく》さんだ。

取材にお邪魔して、作陶する現場を見せていただき、あれこれ盛りだくさんにお話をうかがった。取材としては「あとは、ギャラリーで作品を拝見、撮影すればオーケー」といった段だ。

茅ヶ崎に向かう途中、「じゃ、食事はうちで食べましょう」となり、卓さん行き着けの、鮮魚に定評あるスーパーマーケットに寄った。

「地元ならではの、フレッシュなおいしさを伝えたいので」と、プロの料理人さながら（実際にプロの料理人でもある）、厳しくもやさしい眼差しで食材を選ぶ。そして、このスーパーがいかに「いい品をお得に揃えているか」を力説し、いそいそと買い物かごを抱えレジに並ぶ姿は、シックでモダンな作品の印象とはうらはら、チャーミングすぎる。

卓さんの自宅兼ギャラリー「卓袱堂《しっぽくどう》」は、茅ヶ崎駅と辻堂駅のほぼ中央あたりから、海まで真っ直ぐ続くラチエン通り沿いにある。一階がギャラリー、二階が住まいの、三軒長屋の一角だ。卓袱とは、長崎を発祥とする中国風の料理やテーブルを指すが、「卓袱堂という屋号に込めた想いは多様性であること」という言葉通り、卓さんの仕事、活動は〝陶工〟という職業でひとくくりにすることはできない。

一般に、器をつくる人を「陶芸家」と呼ぶ。でも、「僕は陶芸家じゃなく〝陶工〟で」と言う。どちらも陶磁器をつくる仕事だが、卓さんにとって、両者には大きな違いがある。どう区別しているのか。

「アルチザン（職人）であるか、そうでないかの違い。技術と意識も含めて、陶芸家はアーティストで、陶工はアルチザンですよね。アーティストには逃げ道がある。失敗しても『これはアートだから』と言い逃れできる。そういう逃げ道を自分につくりたくない。ちゃんとした仕事に、逃げ道はないぞと思っています」

職人仕事に、〝間違い〟なんてあってはならぬ。そして、一品つくればそれで終わりにあらず。指定された品を量産できること。それが職人の技術だ。

とはいえ、いつも決まった同じ器だけをつくってはいない。作品はどれも伝統技術に裏付けされた、感度の高いものばかりで一点ものも多い。

となると、卓さんは〝職人としての矜持を持ち、芸術作品をつくる人〟だ。だが、床の間に飾る観賞物でも、桐箱に収めて仕舞っておくものでもない。

卓さんの作品はいずれも使ってこそ生きる。自分で料理をして、自分の器に盛り付ける。器そのものの静謐な美しさに、〝生〟の瑞々しさと力強さが加味される。この日、即興のもてなしを受けて、それを強く感じた。手製のお料理の前に、鎌倉の工房で、轆轤《ろくろ》をまわす仕事を見せていただいたことも、〝卓さんの器は使ってこそ生きる〟——と感じたことを後押ししている。

卒業式を抜け出して職人修業に

「同じものをつくり出したら、もっと早いですよ。機械のようにどんどんつくることができます」

鎌倉の工房で、轆轤をまわしながら卓さんが言う。轆轤の使い方や個性を説明しながらも手は止まらない。あっという間に、蓋物碗、皿、ぐい飲みなどが形づくられていく。あくまでも撮影のためにササっとまわしてくれたのだが、早くて正確だ。

また、1つ2ユーロで受けた「箸置き」の話を聞いた。レンコンを模した箸置きを100個つくるという。依頼主はレンコンのない国、リトアニア。なぜリトアニアかというと、じつは卓さん、リトアニアの日本大使館で公邸料理人を務めていたことがあった！

その話は後述するが、レンコンといえば〝穴〟が付きものだ。箸置き1個につき穴は3つ。手で開けるのは手間がかかる。しかも安価な仕事なのだから、機械で量産すればいい。でも、卓さんはそれを選ばない。対価が安くても、自分の美意識まで安売りする気は毛頭ない。だから、穴もひとつずつ手で開けるのだ。

ここに、アーティストではなくてアルチザンである「今泉卓」の基本姿勢が見て取れる。

そんな卓さんが、この道を選んだのは高校時代にさかのぼる。誰もがそうだろうが、高校生というと、自分のアイデンティティなり、ルーツなりに思いを巡らせる。父親の仕事の都合で、オーストラリアに暮らした経験もあったせいか、卓さんは日本人として日本の文化を学び、それを伝えるにはなにか？を考えに考え、陶芸家を目指すことにした。

有名窯元のある産地を調べ、あちらこちらに問い合わせをした結果、京都府立陶工職業訓練校に入学したのだった。学んだのは、京都の楽焼や清水焼の後継者育成を目的とした、いわゆる職業訓練学校だ。当時は、生徒の半数以上が京都の職人さんの息子ばかりの男子校だった。現在は京都府立陶工高等技術専門学校と名称が変わり、「共学になって、美術系大学のようにキラキラしたキャンパスライフ」と卓さんが形容するほど、今風になっている。

昭和59年（1984）、卓さんは高校の卒業式を途中で抜け出し、友人のクルマに乗せてもらって京都に向かった。京都に到着したのは夜だった。暮らす予定のアパートの契約は翌日から。京都の三月はまだまだ寒いが野宿するしかなかった。この野宿から、卓さんの〝非常に貧しい生活〟がスタートする。でも、この、京都時代に経験した貧しさが功を奏した。のちのち役立ち、料理人としてのベースをつくるのだった。

貧しさの理由のひとつは、親からの仕送りはなかったから。じつは、卓さんのご両親はかなり変わっていたらしい。外資の大企業に勤め、海外赴任も多く、おそらくサラリーにも恵まれていた。だが、「父は、家族には金をかけない。自分のためだけに使う」というタイプで、それが徹底していたそうだ。

たとえば、成長して上履きが窮屈になっても、新しいものを買ってもらうことができず、自分で当て布をしたり工夫して凌いでいた。いつの時代!?と驚かされるが、その当て布だって、ボロ布を探して繕ったという。海水浴中に溺れ、かなり危険な状況に陥ったときも、親はいっさい手助けをしてくれなかった。助けてくれない、死ぬ。自分でなんとかしなければと必死でもがき、どうにか海面へと出た。いやいやいや、それは息子を鍛えるためでは？

「違うね。ひとり減れば、食扶持が減ると本気で思っていた親だった」と答える。大げさではなく、日々緊張しながら暮らしていた。大人になって、兄弟三人が独立し、今は両親もゆっくりと余生を楽しむ状態になっているから、ようやく家族らしくなったとも言う。

そんな状況だったから、仕送りは期待できない。アルバイトをするといっても時間がない。わずかばかりの生活費。そのおかげで、工夫して食事をつくることを覚えたという。肝心の学校生活はというと、

「学校は薄暗く汚い建物で、男だらけ（笑）。美大とは異なり、自分の作品をつくるのではなく、同じ形状の器を数百個単位で、寸分違わずつくる技術を学ぶ場所でした。まわりは陶工や焼き物屋の息子ですから、多少なりとも作陶を知っている。対して僕はまったく知らない。最初は、横目で見ながら真似をしていました。うん、でも、卒業して33年経ちましたが、同期生の中で陶芸を続けているのは僕だけじゃないかな。実家を継いだ人は除きますけどね」

卒業制作は、松茸をモチーフにした茶碗蒸し用の器だった。「今見ると、安易な発想だけれども」と言うが、学び吸収したことを器に生かしている。驚かされるのは、その個数。さすがは職業訓練校だ。つくるのは一

点だけじゃなく１００個ほど。それらを即売し、売り上げは学校に寄付するシステムだったという。

在学中から清水焼の木村盛康《もりやす》氏に師事していた卓さんは、卒業後、京都市工業試験場陶磁器研修本科に学ぶ。同時に、京都炭山にある脇坂陶房で二年、陶器制作に励んだ。この陶房に住み込みながら〝職人としての仕事〟を徹底的に目に焼き付け、実践するのだった。

芸術や道楽とはまったく異なる世界がそこには広がっていた。つくった個数が収入となるから、いかにして一日の制作数を高めるのか、それが勝負であり、いちばんの関心ごとにしている諸先輩ばかりだった。

大先輩の職人がつくるのは、お土産物屋さんに売っている手ごろな価格の急須だ。手ごろとはいえ、すべて手作業でつくっている。ひとつ、２０００円程度だろうか。小売価格がそれならば、仕入れ値が仮に６掛となり、卸値、そして工賃は……おのずと想像できる。とにかく、数をこなすしかないのだ。

「だから早くて正確無比。納品当日のスパートもすばらしく、『あと何個あれば●▲■円になる！』と勘定した途端、一気呵成にできてしまう（笑）。よく『仕事が早い』と自慢する人がいますが、あのときの、あの職人たちのスピード感と正確さは誰にも真似はできないと思う。いつまでも自分がうまいと思えないのは、彼らのせいです」

日本のマニュファクチュアの真髄ここにあり。ここでの修業を経て、卓さんは京都・蛇ヶ谷にある瑞光窯で磁器制作に従事するのだった。

瑞光窯での卓さんの仕事は、「釉薬《ゆうやく》」をかけることだった。釉薬とは、陶磁器の表面に付着させたガラス層のことで、「うわぐすり」ともいう。陶磁器の素地に水や汚れが染み込むことを防ぎ、さまざまな色や質感を表現するものである。

釉薬のかけ方ひとつで、作品のよしあしも決まる。当然、できて当たり前、失敗してはならぬのだ。毎々、緊張感がみなぎるなか、〝一定の厚さで正確にかける〟という技術を身に付けた。

「修業の四年間、轆轤を回すことはいっさいありませんでした。作陶というと土をさわることと思うでしょうが、まったく土にさわれなかった。京都の職人は徹底した分業体制ですから、それぞれの分野の職人が責任を持って仕事をする。このときの僕は〝釉薬かけ職人〟として、朝８時から夜遅くまでぶっ通しで釉薬をかけるしかなかった。非常にハードな毎日でしたが、一生分の〝釉薬かけ〟をやり尽くした感はあります」

磁器の形状はさまざまだ。そして、それぞれのカタチに応じた〝釉薬かけ〟のバリエーションが必要であるから、さまざまな応用力を得た。さらには、精度やスピードも必須である。卓さんのレベルは日ごとに高まっていく。技術の向上だけではない、なにか光るものもあったのだろう。だから、その腕を買われて、茶陶の西村徳泉《とくせん》の工房に引き抜かれたのだった。

茶陶、独立、大使館の料理人!?

西村徳泉は京都を代表する陶芸家である。江戸後期の名工として知られる、四代目海老屋清兵衛に師事した初代が〝祖〟である。卓さんは三代目徳泉のもと、宇治炭山の窯で働いた。

茶陶とは、茶の湯で使うためにつくられた陶磁器のこと。つまり、日用の雑器ではなく、最上の道具であるということだ。道具は茶碗だけではない。茶道のもてなし＝茶事はフルコース。酒杯、懐石料理の器、床の間に飾る花器なども「茶陶」となるのだ。西村徳泉は常陸宮家へ献上し、また、表千家、武者小路千家、裏千家より御書付《おんかきつけ》を賜るほどの人物であった。

ここで卓さんは轆轤をまわし、そうした茶陶をつくる職人となった。五年勤め、その間、結婚もした。お相手は有名陶芸家のお嬢さんだった。だが、これで安泰……とはならない。

仕事は順調で、陶工職人として招待され、シンガポールにも行った。そして鎌倉に工房を設立して、京都と行き来しながら〝陶芸家〟として活動する予定だった。実際、現在の工房でもある「卓袱堂」を、平成10年（1998）に開いた。けれども妻が病にかかってしまった。心の病気だった。自分のことより人のことを思う性分で、やさしさにあふれている卓さんは、作家としての自分と、夫としての自分を両立することができなかった。やがて離婚し、京都を離れた。

そのまま、鎌倉の工房を拠点に陶芸家として生きるかと思いきや、平成12年（2000）には、JICA（国際協力機構）青年海外協力隊の陶磁器隊員としてエジプトに旅立った。そしてエジプト国立ヘルワン大学の応用美術学部陶芸学科で講師にもなり、カイロでの陶芸展に入賞もした。帰国してしばらくは日本で活動した

卓袱堂
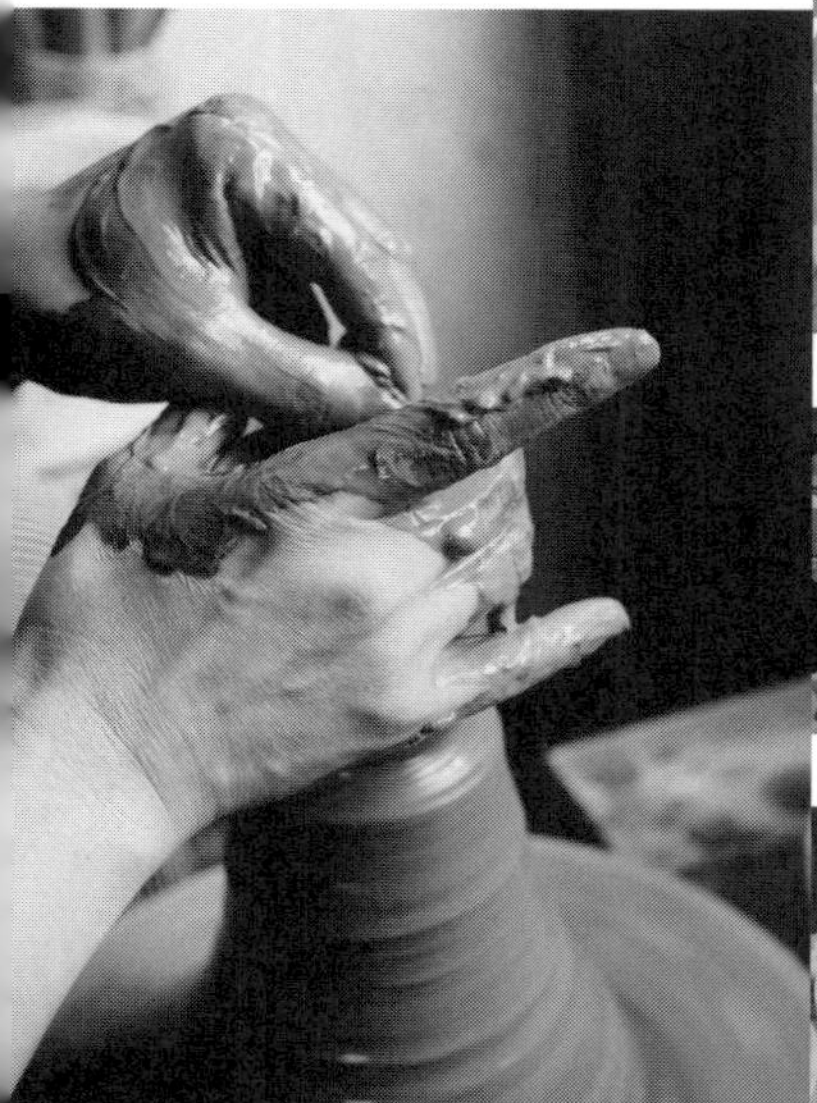

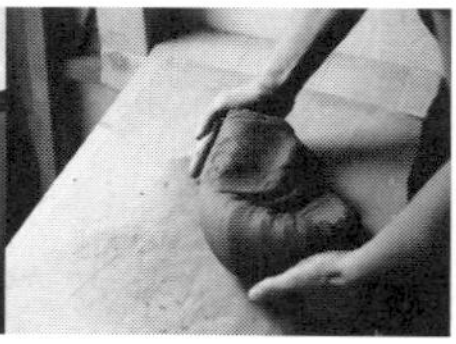

鎌倉・二階堂の工房で作品が生まれる。「せっかくだから轆轤やってみましょう」と教えていただいた。土を練る姿、轆轤をまわす姿、買い物、調理……という一連があってこそ、卓さんは卓さんらしく、ずっといられる。

が、在エチオピア大使館の依頼で、エチオピアの首都・アディスアベバで陶芸指導を行った。さらには、JICAシニアボランティアの陶磁器隊員としてコロンビアに赴いた。

「コロンビアは、焼き物の村に行きました。日本人は僕ひとりです。職人さんというのは、どこでもそうですが、これまでの自分の仕事にプライドがありますから、のこのこ日本からやって来た、見ず知らずの僕がいきなり『教えます』と言っても誰も来ないでしょ。だから、最初の何カ月かは、毎晩、ポツンと飲み屋に入り浸って。そのうち職人さんたちと口をきくようになり、飲んでご馳走して……次第に距離をつめて仲良くなった。『東洋人だ！　ジャッキーチェンだ！』なんて言われるようになれば大丈夫（笑）。信頼関係が生まれて、はじめて陶芸についての話となりました」

卓さんが操る言葉は、英語にスペイン語、アラビア語だ。語学が堪能であることも強い武器。誰とでも仲良くなれるという特技をアシストしている。

「でも、言葉は所詮インターフェースにすぎないんです。どんなに上手にしゃべることができても、もともとの人間性や本質がよくなければ友だちになれないしね」

そう、友だちだ。卓さんには友だちが多い。その縁でいろいろなことが巡っている。料理家とのコラボを経て、卓さん自身が料理をつくり、自分の器で提供するという試みを何度もしていた。あるとき、ハワイの領事館関係の人と知り合いになり、なぜか、東ヨーロッパの一国、リトアニア日本大使の公邸料理人になってしまったのだ！

冒頭で〝プロの料理人〟と記したのはこのこと。リトアニアには三年前に就任し、自分の器に日本料理を盛り付け提供していた。本来は、陶工としてリトアニアの陶芸に関わる予定だったが、あまりにも、卓さんの料理がおいしく評判を呼び、料理人という立場が抜きん出てしまったという。

そうして、陶工として料理人としての任務を終えたあとも、リトアニアで開催される「NOW JAPAN」という大きなイベントで陶芸展と料理提供を行っている。つい先日（2019年9月）も、同イベントがあり、

「50人の〝おまかせ日本料理コース〟を2セット、計100人の方にお出ししてきました。食材も現地調達、当日調理を手伝ってくれるのもリトアニア人で、はじ

めて会う人ばかり。台風の影響で成田からの便が欠航して、日程的にヒヤヒヤしましたし、実際の現場も大変だけれども、非常にエキサイトしましたよ」

レンコンの箸置きも、このためだ。レンコンチップスと一緒に出された箸置き。レンコンを見たことのないリトアニアの人たちはさぞ驚いたに違いない。

仲間とのチャリティイベント

「今泉が、作陶だけに没頭していたら、すごい作家になっていただろう」とは、卓さんを知る人の言葉だ。

作陶をいちばんに考え取り組んでいたことは間違いないが、卓さんのやりたいこと、極めたいことはそれだけじゃない。卓さんと話をしていると、ある意味、作陶は生きるための手段と割り切っているのではと思わせられる。なにより、お金や名声よりも、自分にしかできないことを求めて、謳歌している。

そのひとつ——たくさんあるうちのひとつが、児童養護施設で暮らす子どもたちのためのチャリティイベントだ。私が知り合ったのも、昨年11月に開催された、このイベントだった。主催は、茅ヶ崎のフレンチレストラン「ル・ニコ・ア・オーミナミ」のシェフである原信行さん、乗り物絵師の轟友宏さん、そして卓さんの三人だ。

チャリティの主旨は「原シェフの料理を味わい、卓さんが焼き、轟さんが絵を描いたお皿をお土産に」し、その売り上げのすべてを茅ヶ崎の「白十字会林間学校」に寄付したのだった。

チャリティのきっかけは、原シェフが白十字会林間学校の子どもたちに、定期的に料理をプレゼントしていたことにある。原シェフ曰く、

「若いころから自分は、世の中に貢献できていないと思っていました。今でもその思いはあって。でもレストランという〝お客さんが喜んでくれる空間〟を続けることはできている。続けられることはありがたい反面、本当にこれだけでいいのか?と、疑問が湧き上がった。そこで、誰かのためになにかをしようかと」

そして三年前に料理ボランティアをはじめたそうだ。以降、年に三回、店のスタッフとともに施設へ赴き、ビュッフェ形式で料理を振る舞い、子どもたち、そして職員の方々との交流を温めていた。

「これをビジネスにしていませんし、ビジネスとして

成り立たせるつもりもありません。でも、こうした〝成り立たないこと〟を、ちょっとずつしていけば、みんなに幸せが少しずつ広がっていくかなって。僕にできることからやろうって思ったんです」

　そんな原シェフの活動を、轟さんが知ったのは一年前のこと。轟さんといえば、その肩書きの通り、さまざまな乗り物を描く絵師。とくにクラシックカーファンからの支持が高く、クルマを真正面から捉えた独特な線と鮮やかな色彩が印象的だ。今や日本全国、いや欧米でも名を馳せている人気者。なのに、自己の不注意で、利き手である右手の手首を骨折してしまい、二カ月ほど絵を描くことができなくなってしまった。

「方々《ほうぼう》に迷惑をかけたことで、〝自分がいかに多くの人たちに支えられているか〟に気づきました。絵を描けないという、この不自由な期間は、『ほかの人のために時間を使いなさい』と神様から言われているのでは?との思いが湧いてきたんです。ちょうどその時期に、原さんの活動を知って、一緒に自分もなにかできるかも、と思い立って、卓さんも交えて『よしっ、なにかやろう!』となったんです」

　轟さんから話を聞くや否や、卓さんは、

「原シェフは子どもに迎合したメニューじゃなく、フォアグラや鴨のローストといった〝本気の料理〟を出していたんです。なんてかっこいいんだろうと思い、すぐに轟さんと一緒について行きました。そこで会った子は、いろいろな事情を抱えているけれども、みんな人懐っこくて可愛くて。原さんのご馳走に目を輝かせて喜んでいてね。ふつうの子と変わらないなぁ、なんて眺めていたら、僕らが帰るときに『クルマに乗せて!』って。乗せてあげると、すごく喜んでくれてね。敷地内を何周もしたんですよ。あの子たちは、家族と一緒に出かけることも、ドライブすることもないんです。そんな姿を見たら、もっと僕たちで、できることがあるんじゃないかと思うようになって」

　こうして、三人は「一緒になにができるのか」を考え、ミーティングを重ねた。子どもたちに、直接なにかを贈ることも考えた。けれども、いろいろな状況を鑑みると、現金による寄付が最適となり、「料理と絵皿」の売り上げをつくることにたどり着いたのだった。

　イベントはランチとディナータイムの二回。原シェフ渾身のコース料理と、市販されることのない轟さんと卓さんのコラボ絵皿、そして三人のトークショーだ。

はじめての試みは、それぞれのファンに大好評だった。

コラボ絵皿は、卓さんが轆轤をまわした。絵付けも転写や印刷ではない「完全手づくり」である。磁器に絵付けをするのははじめて、という轟さんの絵も味がある。そして、どのような願いで、この絵皿が誕生したのかというストーリーを知っていると、この、限りある一皿を持っていることが誇らしい。

プライドを持って愛せる仕事

このイベントひとつを取ってもわかるように、卓さんは、なんだかんだと、作陶よりもほかのあれこれで忙しい。

「自由度を失ったときに、美しさが光る」とは、自身の作品に対する言葉だ。時間や予算に制約があるとポテンシャルが高まるタイプだと分析もしている。自由度を失うというのは、「時間がなくて追い込まれた」という意味にも置き換えられる。時間がないのは、やることが多すぎるから。それに人からの相談事も多く引き受けているから。

お腹を空かせた人がいれば、ごはんをつくり食べさせてあげる。悩んでいる人がいれば、話を聞いてあげる。おもしろい人がいれば、誰かに紹介し輪を広げてあげる……というように、なにかと世話を焼いている、〝みんなのお母さん〟のような人なのだ。

器をつくり売っているほうが、収入もいいだろう。卓さんにしかつくれない器を求める客も多い。でも、そこに留まることは決してない。

「自分にとって、器をつくることは生きるための仕事で、あくまでも職業のひとつです。ただ、長い人生において職業は多くの時間を割き、自分というアイデンティティを形成する中心というか。喩えるなら、愛着ある腕時計や服と同じように、自分を代弁するアイテムでもあるんです」

卓さんにとって「器をつくるということは？」と訊くと、そう答えが返ってきた。

「だから、稼げるかどうかよりも、プライドを持って愛せる仕事を選びたいという気持ちを、今もずっと持ち続けていて。10代の自分の判断の正しさをほめてあげたいくらい」

18歳で、右も左もわからぬまま陶芸の道に入った。とにかくやってみようの精神で、30年以上も続けて来た。自分なりの意匠と技法を追求し、自分だからこそのマーケティングを考えながらやって来て、陶芸に飽きたことなんて一度もないという。

飽きないハズですよ、と肩を抱きたい。だって、卓さんは、器をつくるだけでなく、料理人や講師として活動し、それだけでなく、本当にいろんなことをしている。それを、「陶芸からブレている」と評する人も多いという。親身なアドバイスでもあるが、やっかみでもあると思う。だが、卓さん当人にしてみれば、あくまでも、

「陶工という、柱となる職業があっての脱線であり、寄り道です。生涯を通して続ける職業を、側面から補足して、幅を得るための副業なんです」

こう聞けば、じつにシンプルだと納得できる。でも、そんなカッコイイことばかりじゃない。

現実問題、切実にお金に困ると、知人のガレージを借りて、料理をつくり、それを売って急場を凌ぐこともある。ふつうに作品を売ればいいのに。それに付加価値をつけた値付けにすれば、もっと楽にお金になるだろうに。

「うーん（笑）。料理を食べて『おいしいっ！』って喜んでもらえるとうれしいんだよね」と、先日も、灼熱のなか、カレーを１００食、売り切った。「お金に困ったから料理を売る」なんて、恥ずかしいとかカッコ悪いだとかの気持ちがあって、なかなか人に言えない。でも、言えてしまうのが、真っ直ぐに生きている卓さんなのだろう。

作品の価格も正直だ。材料代と手間賃、リスク計算をして付けるだけだ。もっと美術品的な価値をアピールしても、多くの人が欲しがると思う。でもそこに、作家としてのナニかはプラスしていない。その理由は、

「やはり僕は、陶芸家ではなく、陶工でいたいから」

そういえば、陶工とは英語で「potter」という。名詞での意味は〝陶工〟そのものだが、動詞になると〝無作為で無計画な仕事をする〟とか〝無駄な時間を過ごす〟となる。

「そんなところも僕っぽいでしょ。それよりも、さあ、食べて食べて！」と手料理とビールを促し、またすぐにキッチンに立ち、酒肴を準備する卓さん。

「50歳を越えて、生に対しての未練はない。いずれ永遠の昼寝が待っているんだから」と、揚げ物をしながら、つぶやく。

10

今泉 卓

神奈川・茅ヶ崎市生まれ　1966年

卓袱堂

神奈川県茅ヶ崎市松が丘1-1-92

www.shippokudo.com

「金持ちになりたいという欲望も、守るものもない。でも、世の中を変えたいという小さな願望があって。誰もやらないのなら、僕がやる。少なくとも、僕は命をかけることができますから。自分の命なんて大した重さじゃないですけど。でも、そんなことができれば」と、躊躇うことなく口にする。

陶工であり続けることと、世の中を変えること。これがどうつながるのかは未知数だ。自分のために生きるだけでなく、誰かのためにも生きる。場所にとらわれず、どこにいても、器をつくり料理をつくる。世の中を変えたいと願う真意はわからない。が、いずれにしても、卓さんは、ずっと己の道を進んで行く。

仏師・彫刻家

自光雲五代

加藤巍山

11

Gizan Kato

彫刻家であり、仏師でもある

ひたすら圧倒される。

加藤巍山《かとうぎざん》さんの木彫作品をはじめて見たときの感想だ。何度も拝見した今は〝圧倒〟という感想に加え、ありがたさを覚え、無意識に手を合わせてしまう。

はじめて巍山さんに会ったのは平成26年（2014）の6月、東京・港区の、あるお寺さんでのこと。新しく建立される納経堂の現場だった。その純木造建築を設計し建てるのが京都の宮大工施業会社「匠弘堂《しょうこうどう》」で、社長の横川総一郎さんが紹介してくださったのだ。

横川社長から「仏師で彫刻家の加藤巍山さん！」と

説明されたとき、〝ブッシ〟という聞きなれない響きが一瞬理解できなかった。だが、ブッシが仏師であると気づいた途端、「ひゃー!」と驚いた。よもや、自分の日常で、仏師という職業の方に出会えるとは。

丸刈りに黒眼鏡、無駄な贅肉のないシュッとした佇まい。そんな巍山さんのストイックないでたちもあって、「仏さまを彫るような方は、俗っぽくないんだ」と、自分とはまったく異なる世界のヒトとして、ひたすら感心してしまったのだった。

すぐにフェイスブックでも友だちになり、たびたびやりとりするうちに仏師としての巍山さん、彫刻家としての巍山さん、ふだんの巍山さんに惹かれていった。

それにしても仏師と彫刻家(作家)とは、どう違うのだろう? 辞書によると〝仏師とは仏像をつくる職人〟であり、〝彫刻家とは素材を彫り込み、立体的な造形芸術を表現する人〟とある。

巍山さん曰く、

「仏像は自分を無にしていくもので、作品は自我を投影するもの」とのこと。

なるほど、自己の有無とは。

崇拝され信仰の対象となる仏さまには、できるだけ〝個の感情〟がないほうがいいのかもしれない。いっぽう作品は、その人でなければ、巍山さんでなければ、という個性が欲しい。

その差があるとはいえ、巍山さんの彫るものはすべて凛としていて神々しい。仏さまは慈愛に満ちていて、作品は哀しみを秘めているようで。でもどちらにもパワーがみなぎっている。「仏像だからこうであれ」だとか「作品はかくあるべし」などとくどくど述べる必要はなし。素直に鑑賞し、おのおのが感じればいいのだと思わせられる。

仏像彫刻に偏ることも、作品づくりだけに専念するということもない。巍山さんは正真正銘、現代の仏師であり彫刻家なのだろう。これまでもそうした人物がいたのか?を考えると、あっ、巍山さんが尊敬し、目指すところの高村光雲《こううん》もそうではないか!

高村光雲(1852~1934)は、明治から昭和初期に活躍した、日本を代表する彫刻家であり仏師である。明治26年(1893)に彫られた作品『老猿』は国宝・重要文化財で、あの有名な銅像〝上野の西郷さん〟も光雲の作だ(連れている犬の「ツン」は後藤貞行作)。

光雲は、衰退していた伝統的な木彫を、西洋美術の写実性を取り入れた近代彫刻として甦らせた。また、仏教彫刻は生涯を通して行ったという。

後述するが、巍山さんは仏師修業の際、光雲の流れを汲む岩松拾文《じゅうぶん》氏に師事し、また、光雲に敬意を表して、自らを「自光雲五代《じこううんごだい》」と標榜しているのだ。

「安土桃山から江戸時代初期の絵師、長谷川等伯が落款に『自雪舟五代』としているんです。当時、京都の画壇では狩野派が君臨していて、そこにひとり挑み続けた等伯は〝雪舟より五代目である〟という正当性を宣言しました。ここに共感を覚え、私も等伯に倣って名付けたのです」

切なく狂おしい存在感

巍山さんの作品そのものを間近に見たのは、ある百貨店でのグループ展だった。

そのときの作品は仏さまではなく「恋塚」と名付けられた木彫だった。これは『源平盛衰記』で語られる遠藤盛遠《もりとお》（のちの文覚上人《もんがくしょうにん》）の悲恋「恋塚」をモチーフとしたもので、こんなストーリーである。

盛遠は、道ならぬ相手である袈裟御前を想うあまり、彼女の夫（源渡《みなもとのわたる》）を殺害しようと屋敷に忍び込む。眠っている渡の首を斬り落とし、その首を抱えて屋敷をあとにした。月明かりで首を見ると――あろうことか、その首は愛する袈裟御前だった。

愛する人を自分の手で殺めてしまったこと、そしてその愛する人は、自身が身代わりになるほど夫を愛していた。つまり、自分（盛遠）のことは眼中になかったというもの。その後、盛遠は自分の行為の愚かさを恥じて出家し、袈裟御前を弔うために恋塚寺を建てたのだった。

ああ、盛遠よ、あなたはひとり空まわりしてたんだよ、愚かだね……と蔑みたくなるが、巍山さんの「恋塚」は、己の愚かさと罪深さを嘆く盛遠の姿を表していて、とてつもなく切なく、狂おしかった。

高さ40センチほどとそれほど大きくないのに存在感があって。ずいぶん長い時間、「恋塚」の前から動けなくなってしまったほど。そう、私はその貌《かお》と震えるような姿形にひとめ惚れをしてしまった。このときは、ほかの作家さんの作品も多数あったけれども、巍山さんの作品がいちばん印象的だった。

ちなみにこの「恋塚」は一昨年、三井記念美術館で開催された話題の美術展「驚異の超絶技巧！展」にも出品され、その後、大阪での巡回展も含め、注目作品のひとつとなった。

高くそびえ立つようにありたい

東京・墨田区両国で生まれた巍山さん。小さいときから、お寺や神社が好きな子どもだったそうだ。

「そこにいると落ち着くというか。仏さまを見ると安らぐというか」と言うが、家業は仏教や神道がらみでもなく、彫刻に関する職業でもなかった。

そこそこやんちゃな学生時代を経て……巍山さんは彫刻家の扉を叩いた。

浅草の江戸木彫師の作品を見て、感動したことがきっかけだった。ちょうどこのころ、人生に迷いを感じていたが、「オレには木彫だ！」と直感したという。

「親方には七年ほどお世話になりました。欄間など平面の木彫、伝統的な江戸木彫の技術を学びましたが、ふつふつと仏像を彫りたいという思いが強くなったんです。そこで、仏師のもとで修業することにしました」

欄間は寺社の一部であり、欄間だけで完結はしない。でも仏像はその一体ですべてを言い表すというか、そのあたりに興味を抱いたのだろう。

さて、次なる師匠探しは、工房に出入りしていた刃物屋さんに相談をして。

今なら、「仏師」と検索すればぱっと出てくるが、そんなお手軽なものはまだメジャーではなかった。

「刃物屋さんは、営業としていろいろな工房をまわっているので、職人さんの情報をたくさん持っていらして。『いい方がいるよ』と教えてもらい、当時の親方には内緒で出かけました。見学だけのつもりでしたが、後日、あちらから連絡をいただいて修業することを決めました。31歳のときでした」

そうして、埼玉・春日部の工房に通う日々がはじまった。師匠である岩松拾文さんは、高村光雲の流れを汲む仏師であり、〝星取り技法〟を習得したい巍山さんにとって願ってもない人物だった。

星取り技法とは、西洋彫刻の技法で日本には明治期に伝わり、高村光雲の工房で採用されていた技法だ。発祥は古代ギリシャ・ローマ時代で、石像彫刻に利用されていたという。

　木彫といえば、材に向かってノミや彫刻刀で一気に彫っていくようなイメージがあるかもしれないが、巍山さんが大切にしている星取り技法では、木を彫る前に原型となる石膏像をまずつくる。

　えっ！　平面にデッサンするのではなく、実際に立体となる石膏像……二度も立体物をつくるなんて⁉

「はい（笑）。石膏もつくりますし、粘土像の場合もあります。星取り機という専用の機具を用いるのですが、この道具、今使っている人はほとんどいませんね」

　星取り機はコンパスの役割を持ち、原型に記した無数の星（ポイント）を、完成品となる素材に写し取るというもの。寸分違わぬ原型をつくることが大前提で、それはそれは緻密な作業が続く。

　粘土像に一カ月、そこから石膏で型を取り、いよいよ木を彫るのだが一朝一夕にはいかない。非常に時間と手間がかかる点が、この技法が衰退した理由だろう。

　だが、巍山さんは星取り技法を継承した。伝統に則った技術を用いることも、いずれは誰かにつなぐことも、彫刻家である自分の使命だと言う。

　岩松さんからは技術的なことのほかに、「仏像は毎日拝まれるもの。信仰心がこもるとよい仕事ができる」という仏像を彫る際の心構えを学んだ。

　ここでの修業は六年。その間、自身の作品制作にも挑み、平成16年（2004）には「白髪～斎藤別当実盛」で日展に入選した。

「ギャラリーと知り合ったのもこのころです。修業しつつ、年に一体ほど作品を渡していました」

　修業の身とはいえ自由時間はちゃんとある。人一倍、制作意欲がある巍山さんは、仏師としての技術を磨きながら、作品制作にも意欲的だった。そして平成18年（2006）、浅草、春日部の10数年の修業を経て独立。雅号は「加藤巍山」、38歳のことだった。

「巍山」の名は〝巍然屹立〟という言葉に由来する。これは、人並み外れて優れているということ。また、山がひときわ高く立っていることを意味するそうだ。

「過去から現在、未来と優れた仏師、彫刻家が存在するなか、高くそびえ立つようにありたいと願って、自ら名付けました」

　仏師として独立した場合、通常は師匠筋から下請けのような仕事を引き受け、そこから少しずつ軌道に乗せていくそうだ。独立したての場合、制作だけでは生活が成り立たず、一般向けの彫刻教室などをするケースが多々あるという。

「自分としては講師仕事をすると、作品の純度が下がるような気がして。でも正直、彫刻だけで稼ぐのは難しかった。それを、まわりの人が心配してくれて。その方々に、月に二回ほど彫刻を教えるということでなんとかなりました」

　そうして一年を過ぎるころには、仏師として、彫刻家としての仕事の依頼が増え、制作に集中できるようになった。

生きるということを表現したい

　彫刻作品をいくつか紹介しよう。

「しかみ（徳川家康像）」「布袋」「源太が産衣」「朧月夜～藤原保昌」「恋塚～遠藤盛遠」「若武者～源爲朝」「剛～木曾義仲」「一条戻橋～渡辺綱」「月下桜～佐藤義清」「白髪～斎藤別当実盛」というように、歴史上の人物や古典を題材にした作品が多い。

「高村光雲や平櫛田中《ひらくしでんちゅう》（1872～1979）といった明治、大正、昭和と生きた彫刻家への憧れがありまして。歴史や古典、仏教をテーマにするのも、先人を継承したいから。ですが、自分のなかではもうそろそろいいかなと。自分が仏師であることに立ち返って、新しい表現をしたいと思っています」

　巍山さんの理念を再掲する。

「仏像は自分を無にしていくもので、作品は自我を投影するもの」だが、自身のなかでは〝仏師である自分〟の比重が大きくなったということだ。

　また、新しい表現というと、これまでのテーマをガラリ変えるかと思いきや、

「美術界に一石を投じたいというか、美術界の人たちを凌駕するものをつくりたいんです。仏師である自分じゃないと到達できない、超えられない一線があるはずで。仏像の二千年の歴史、人間の何万年の歴史をテーマにして、人間の尊厳のようなものを守っていく。そういったことを表現したい」

　現代美術界はクラフトや工芸、手仕事を低く見る傾向があるそうで。技術を身に付けるのは大変なのに評価されにくい。お金になりにくく、その状況に甘んじている人たちに憤りを感じているという。

「日本の美術教育では稼ぐことを切り離して捉えてい

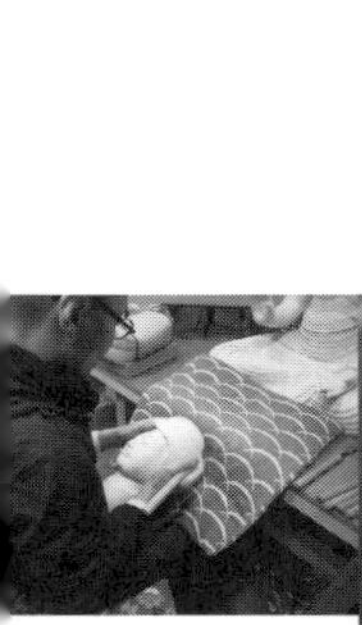
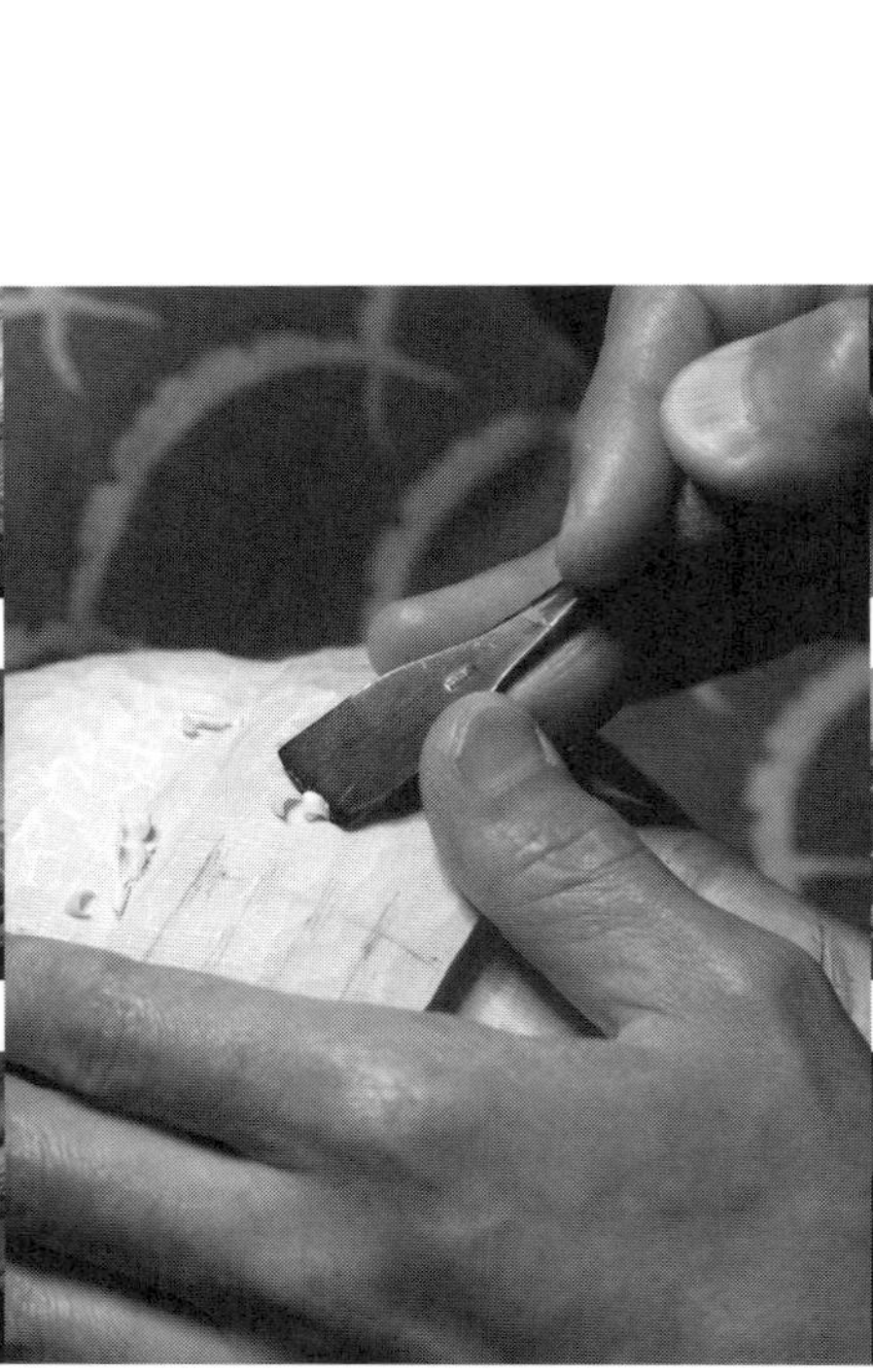
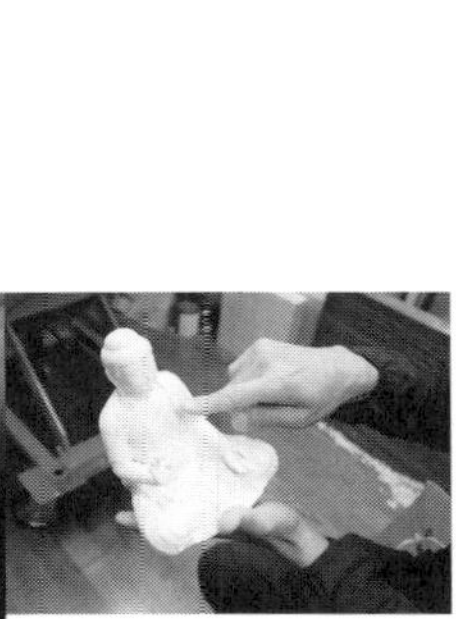

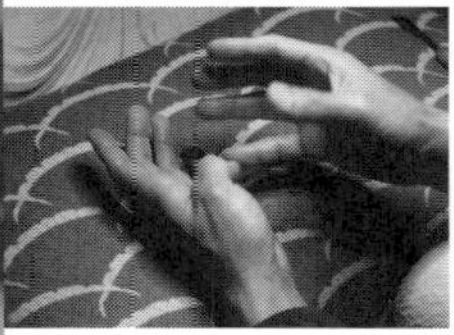
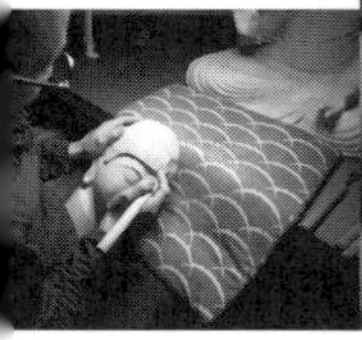
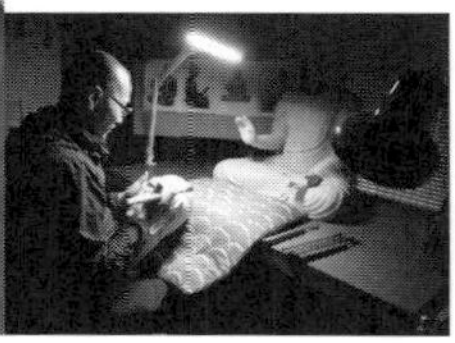
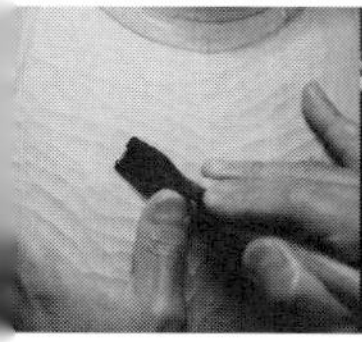

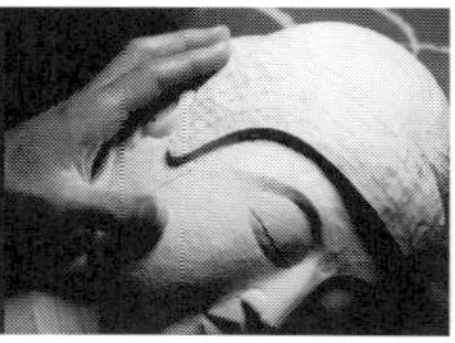

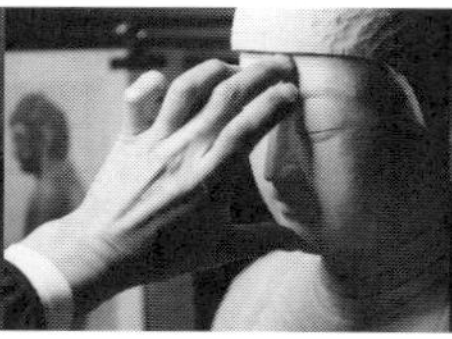
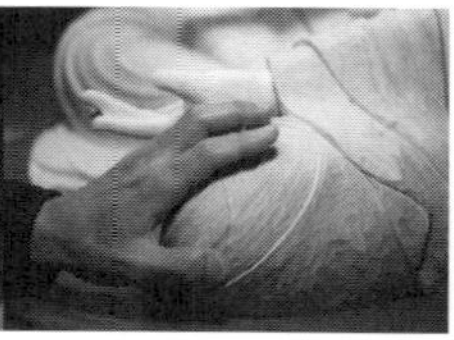

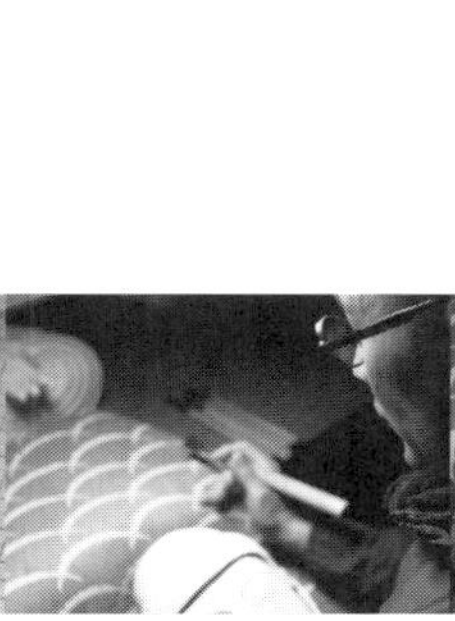
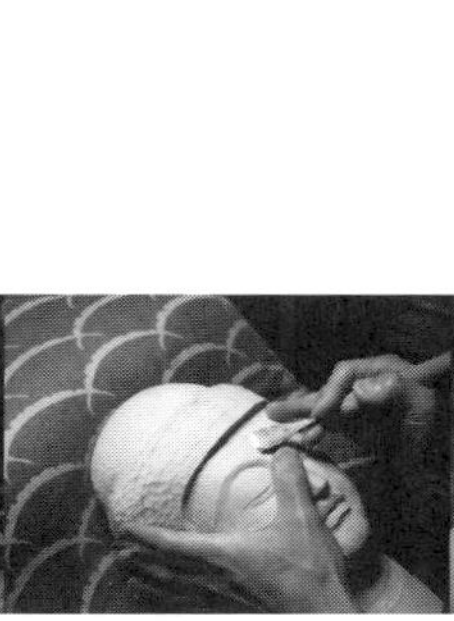
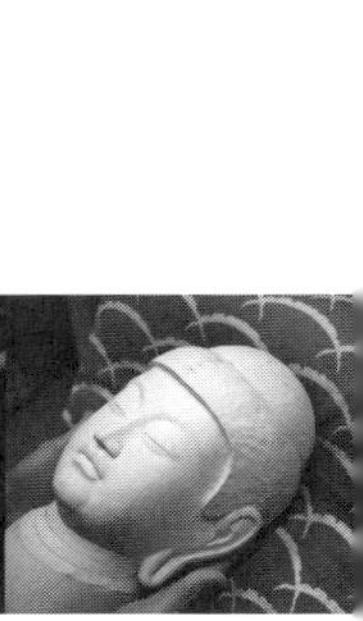
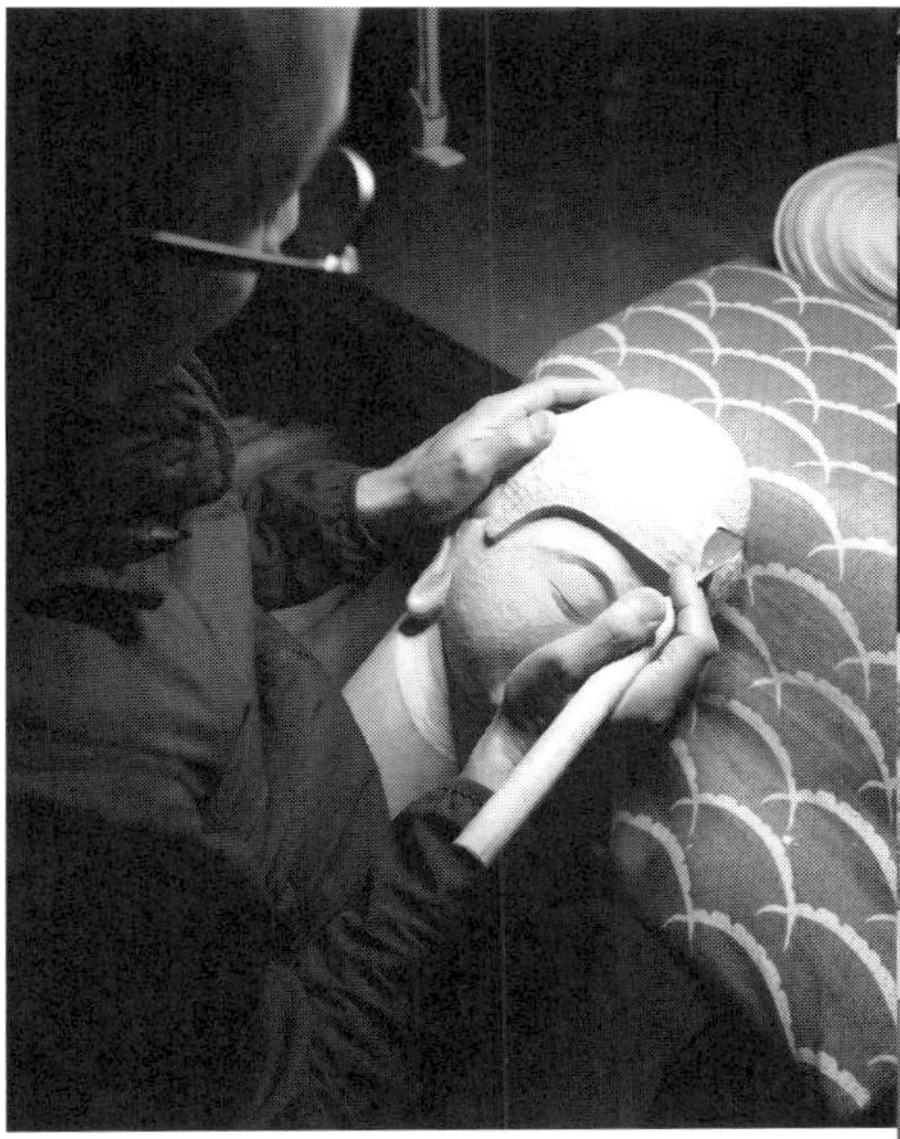
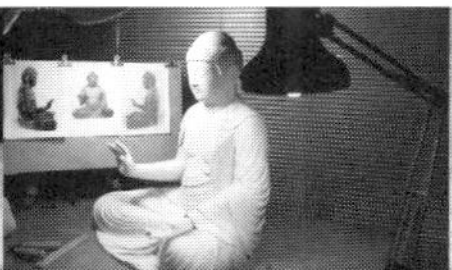
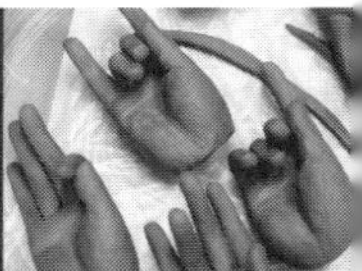

朝6時から夜の9時までひたすら“木”と“自分”とに向き合っている。この日は、手元の作業を見せてもらったが、原木をチェーンソーで伐り、電動ドリルを使ったりと、全身労働だ。ゆえに巍山さんの腹筋は割れている。

るため、アーティスト志望は〝食えない〟のが前提というか当たり前になっているというか。でもそれはおかしくて。〝つくる〟ことと〝食う〟ことは≒（ニアリーイコール）。それは同時に人間の根源であると思いますし。命と向き合ってつくるからこその強さもある」

冒頭で、巍山さんのことを（正確には巍山さんの作品を）〝神々しい〟と話したが、いやはや、加藤巍山、じつに人間くさいぞ。そうか！ この人間くささ――根源的な熱情を持って向き合うから、巍山さんの作品には魂が宿るのか。

「『彫りたい、これをつくりたい』というよりも、自分の命……人間が生きるということを彫刻という言語で表現しています。でも、それを使命感だけでやっていると、食うことがおろそかになる。つくることと、お金や生活を整えることを違和感なく共存させる。そういうバランス感覚は大事なこと」

祈りと鎮魂の仏像を被災地へ

いっぽう、巍山さんが目指す仏師とは？

目指し、そして超えたいと思っているのが鎌倉時代に生きた運慶である。運慶（生年不明～１２２４）といえば、兄弟弟子の快慶（生没年不詳）とともに言わずと知れた仏師界のスーパースターだ。

「快慶は、数値化し体系化した、いわばマニュアル化しやすい仕事を残し、反対に運慶は、作品にムラがあるというか、それが彫刻的で。８００年も経っているのに、運慶を凌駕した仏師は……いないのでは？」

現存する、運慶作の仏像は35体。たったそれだけなのに延々とわれわれの心に響くということか。

ここで、ちょっと仏像様式について説明しておこう。仏像様式は、平安時代後期ごろに、定朝（生年不明～１０５７）による「寄木造」で確立された。千年後の今も、仏師たちは、この時代と同じ比率と技法を用いているという。ということは、定朝は造形上の様式をつくっただけでなく、質を落とさずに大量に生産できるシステムを構築したわけで。

対して運慶ら鎌倉時代の仏師たちは、ひとつひとつがまったく異なる造形で、そこに巍山さんが惹かれるというのもよくわかる。

「仏さまは手を合わせるものなので、つくり手のキャラクターが出すぎると違和感を覚える人もいるでしょう。となると、なにも感じさせないほうがいいのだろうか、とも思いますが、求める人によって、いろいろな仏さまのカタチがあってもいいのでは。自分は〝仏さまを彫るときは自分を殺して〟つくっていますが、そう意識していても〝自分〟が出ちゃうんですけれどね。人間くさいと言われようが、まぁ、それはいいかなと思えるようになりました」

東日本大震災も、ひとつの契機になっている。

巍山さんは仏師として、被災地の惨状に自問自答しては苦しんでいたという。

「千羽鶴のように、ひとりひとりが祈りを込めて一羽の鶴を折るように仏像ができれば」と考え、ツイッターで「被災地に祈りと鎮魂の仏像を届けたい」と呼びかけた。

そこで、巍山さんともうひとりの仏師・三浦耀山《ようざん》さんが一緒に、一体の仏さま、釈迦如来坐像をつくり、被災地である岩手県・大槌町の江岸寺《こうがんじ》に奉納するというプロジェクト【縁〈ＥＮＩＳＨＩ〉仏像奉納プロジェクト】がスタートしたのだった。

江戸仏師の流れを汲み、近代彫刻の技法を受け継ぐ巍山さんに対し、三浦さんは京仏師の流れを汲み、伝統的な技法を受け継いでいる。いわば対照的なふたりのことを、巍山さんは「どちらかといえば、自分は情緒的で夢想型。耀山さんは理論型で現実型かな」と分析している。

プロジェクトが発足して八年。これまで、江岸寺の仮本堂では、東日本大震災一回忌法要、三回忌、五回忌、七回忌と、それぞれの法要で鑿入《のみい》れ式（仏像を彫る材に鑿を入れ、仏さまとご縁を結ぶ儀式）が行われてきた。

そしてつい先日（２０１９年６月）、京都の三浦さんの工房で、釈迦如来坐像の仮組みがなされたのだ。

「振り返るにはまだ早いですが、多くの人にご協力いただきながら、やっとここまでたどり着きました」と巍山さんはブログに綴っている。

奉納は、本堂が再建される２０２０年３月11日。巍山さん、三浦さん、そして携わった多くの人たちの気持ちが届き、叶う日はもうすぐだ。

生きることも彫ることも必然

自らを極限までに追い込んで研ぎ澄まさせる男――それが巍山さんだ。仏師であり、彫刻家であり続けるためにはそこまでしないといけないのか。大きなため息が出るほど、巍山さんの毎日はストイックだ。

　その姿を見れば、軽々しく〝己を律する〟なんて言えない、言っちゃいけない。

　だからといって、真面目一徹なんかじゃない。まず物腰がやわらかいというか、仕草が可愛いというか。なにより鰻と蕎麦に目がなく、でもお酒は一滴も飲まず、そしてスイーツが大好物。なのに、「好きなときに食べるのではなく、とっておきのご褒美にとっておく」という。なんともチャーミングではないか（笑）。そうした〝人間らしさ〟（もしくは〝人間くささ〟）が人を魅了するのだろう。

　とはいえ、何度も言うが、巍山さんは相当にストイックであることは間違いない。

「朝6時に仕事場に入り、夜9時に仕事道具を置きます」というように、毎日必ずそう行動している。

　制作もスケジュール管理も営業も、すべてひとりでこなし、七、八年先まで予定があるという。

「なるべく前倒しにできるよう、仕事を進めています。月単位、年単位での仕事が多く、大きなスパンでスケジューリングしているので、仕事の進み具合ではなく、時間で区切っています。『今日はここまでやろう』と頑張るとオーバーワークに。すると翌日に疲れが残ったり、コンディションが悪くなったりしますから」

　体調やメンタルに波が生じてしまうと、思考――イメージやカタチの継続が途切れ、長いスパンの仕事に向き合えないという。

　巍山さんは、仏師、彫刻家であるとともに、スケジュールと体調管理をするマネージャーでもあり、そして経営者のすべてをひとりで担っているのだ。

「どれが欠けても彫り続けるのは難しい。バランスよくできていないと、この世界にはいられません」

　さらにまた、〝アートだから儲けなくていい、お金にならなくていい〟ということは甘えだと指摘する。

「その人のビジョンや意志が作品にあらわれてしまうんです。彫刻家はキワでピタッと合わせるような仕事です。甘さとか稚拙さが、カタチというか、ノミ跡、全体のフォルムにも出る」

　ほら。やっぱり巍山さんはストイックで厳しい。なんと、この8月（2019年）には比叡山で得度《とくど》を受けた。よもや出家なさるとは。仏師であるという重みが増しているのは間違いない。

11

加藤巍山

1968年
東京・墨田区両国生まれ

「どちらかと訊かれれば、軸足は仏師のほうに向いています。また、継承や憧れではなくて、確固たる〝加藤巍山〟としての作品をつくりたいという意識もあります。そして、この時代の、この場所に生きていることが必然であること。うん、自分の意志で彫っているのではなく、木のなかに仏さまが埋まっていて、それを掘り起こすのも必然なんだろうなって」

彫って、食って、寝て。
彫って、食って、寝て。
毎日、毎日、同じ繰り返しの日々で、
気がつけば一日が黄昏れていきます。

ある日のつぶやきだ。仏師と彫刻家を行ったり来たり。どちらが欠けても巍山さんは物足りない。後年に遺るものを、命の限り、彫り続けるのだろう。

自光雲五代
加藤巍山

gizan.tokyo

クリーニング師

伊澤クリーニング商会

伊沢裕樹

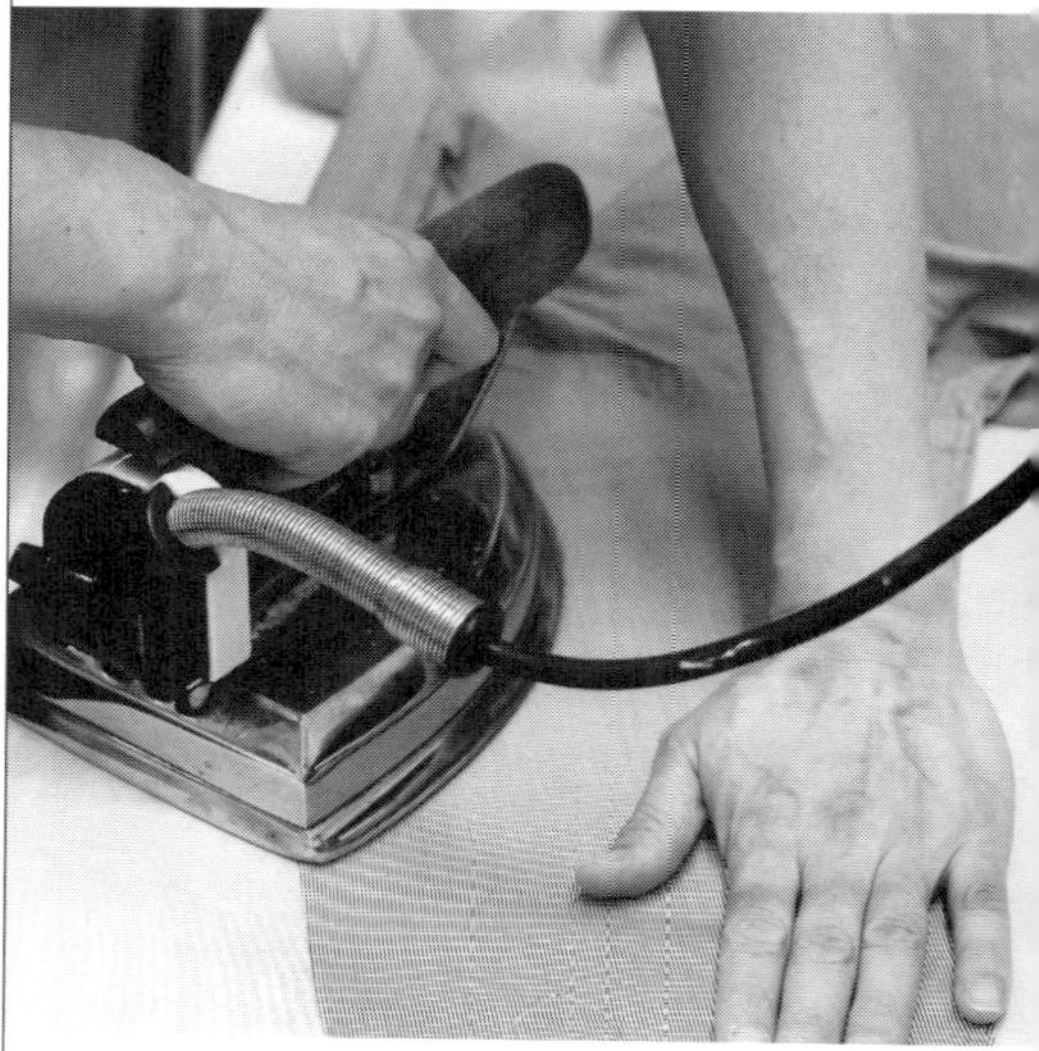

12

Hiroki Isawa

突然、家業を継いだ44歳！

家業を継ぐ。個人商店の家に生まれれば、多かれ少なかれ、それを意識して育つ。漠然と「将来はココを継ぐのだろうなぁ」と思う子もいれば、「絶対に親父とは違う道を行く」と決心している子もいる。

本書にご登場いただいた方々で、家業（職業）を継いだのは七名。高校や大学を卒業して、すぐに継いだ方もいれば、サラリーマン経験後に、という方も。いずれにしても、「いつかは継ぐかも……」と考えていた方々は20代半ばには実家に勤めている。

ところが、伊《い》沢《さわ》裕《ひろ》樹《き》さんは違った。実家のクリーニング店に入ったのは44歳のとき。ハッキリ言って、だいぶ遅い。しかも、それまで同業他社で働いていたわけではなく、また、衣類に関する業界でもない。まったく異なる業種のサラリーマンだった。

理系の大学、大学院を卒業して、新卒で大手鉄鋼メーカーに入社。継ぐ直前まで、バリバリの技術者としてサラリーマン人生を送っていたのだった。

だから、六年前に、裕樹さんが〝継ぐ〟となったときには、ご近所さん（地元の先輩筋）はたいそう驚いた。まわりの人たちにしてみると、「突然、家に戻って来た！」ように見えたが、ご本人としては「予定通り」のことだった。

裕樹さんが生まれ育った「伊澤クリーニング商会」は、昭和13年（1938）に、裕樹さんの祖父・伊那雄《いなお》さんが創業した。当初は、現在地よりもやや北側、白山通りを渡った神田三崎町にあり、ここ神田神保町に移ったのは昭和47年（1972）のことだ。

その三年前に、父・勝令《かつはる》さんの長男として誕生したのが裕樹さんだ。生まれも育ちも神田神保町で、地元町会の青年部に所属、氏神である三崎神社の氏子青年会役員として人望も厚い。

そして現在は、三代目として、新しい世代の伊澤クリーニング商会を切り盛りしている。

パリッとしたシャツの気持ちよさ

住まいと店舗が同じということもあって、「うちの叔母から、『おじいちゃん、おばあちゃんは、夏休みに裕樹が手伝っていたのをうれしそうに見ていたわよ』とよく聞かされる」ほど、小学生のときから、当たり前のように店の手伝いを。

「ワイシャツの襟とカフス、前身頃をバシッとプレスしてました」

小学生なのに、そんなテクニックを持っていたとは。

「いやいや。プレス機にシャツを置いてボタンを押せばいいから、子どもでもできたしね。自主的だったかは覚えていないけれど、店が忙しかったので、ふたりの妹と一緒に手伝っていました」

当時、店には祖父と父、母、そして職人さんらがいた。衣類だけでなく、近所には大学、専門学校、銀行が多く、企業の制服やソファのカバー、カーテンなども請け負っていたそうだ。

「小さいときから、自分の家がクリーニング屋というのは便利だな、って思っていた。ふつうの家じゃ洗えないドライ品もできるし、大きい乾燥機があるから、雨の日だって関係ないしね。そうそう、小学校のときの制服が開襟シャツだったんだけど、糊がきいているのと、クタッとしているシャツとの差が気になってさ。みんな、もっとパリッとさせればいいのにって、子どもながらに思っていたね」

その気持ち、よくわかる。私も、クリーニング屋さんから戻ってきた制服のブラウスを手にしては、「パリッと糊がきいて気持ちいい！」と思っていた。ブラウスの一枚一枚がビニール袋に包まれ、それらを重ねて置いておくと、折り畳んだラインがピシッと揃っていたことも思い出す。

今は、クリーニング要らずの服を好んでいることもあって、この〝パリッ〟だとか〝ピシッ〟を味わうことはあまりない。だからか、新たなクリーニング屋さんを開拓することもない。

つまり、私はクリーニングというものをよく知らない。「出せばきれいになって戻って来る」「自宅で洗えないものを洗ってもらう」程度の認識だ。

「たぶん、そういう人が大半だと思う。だからね、個人店のよさを知ってもらいたいんだよ！」と裕樹さん。

自家洗いとそうでない店との違い

個人店とチェーン店。昨今は業種を問わず、どうしてもチェーン店の勢いが目立つ。クリーニング業界も同様で、やたらに格安チェーンの新規店がオープンしている。ワイシャツ一枚●▲■円というように〝質より低コスト〟をアピールしており、クリーニング業界の価格競争は熾烈だ。たしかに、価格競争――コストを抑えたいというのは、毎日スーツを着用するビジネスパーソンにとっては重要な問題だ。

でも、安ければいいってものじゃない。ユーザーとしては「きちんと扱ってほしい、ぞんざいにされたくない」という思いがある。となれば、低価格を謳うチェーン店より、昔ながらの個人のクリーニング屋さんのほうがいいに決まっている？

もちろんだ。〝自家洗い〟を行う個人店は職人の手仕事であるが、チェーン店は、効率重視の機械任せ。でも、価格の違いが、仕上がりの差となってしかり。でも、この価格差が、頻繁に利用する家庭にとっては大きく、のしかかり……

「年に数回と週に数回のご利用では、相当価格が変わってきますからね。でも、低価格のクリーニング店は、毎日の、ご自宅での洗濯の延長線上にあるもの。たくさんのワイシャツを家で洗濯してアイロンがけするのは大変ですから、それを代わりにやってくれるところと思うと、ほら便利でしょ。でも、とっておきの一枚や大切なお洋服の場合は、きれいにするだけでなく、メンテナンスしながら長く着続けたいですよね。だから、うちのように、自家洗いをして〝手仕上げ〟をする個人店をおすすめします」

なるほど。〝使い分け〟ればいいのか。

「そりゃあ、すべての品を、うちに出してくれればいいけれど。でも、一枚100数円で受けるところと比べたら……うちに持ってこないでしょ（笑）」

100数円と数百円〜千円と。価格の差は、技術の差。一枚一枚に応じた手順を経ているのが裕樹さんだ。職人仕事は、手間暇かけて当たり前。それを実現し続けるのは、祖父と父の姿を見てきたからだ。

このタイミングが最適だった

幼いころから、店に出入りしていた裕樹さんは、ある意味、目が肥えた子どもだった。

「手入れされたものは、いつまでも長く着ることができる」と体感しており、そこには、おじいさんの代から、宮内庁・宮家御用達であったことも大きいだろう。

御用達については「声高に言うことじゃない」と裕樹さん。はい、やんごとなき方々の品を扱うには信用第一。いえ、そうでなくとも洗濯物からはプライベートが見えるもの。

だから昔からクリーニング屋さんは口外無用、口がかたいと決まっている。しかし、どういう契機があって、御用達になったかは非常に気になる。

「そこは親父に訊いてよ。ともかく、昔からうちでは〝よい品物〟を扱わせてもらっていて。子どものときに、母が、上物の、本当にいい質のセーターをさわらせてくれて、『裕樹、これは物が違うから。高いものには高いだけの意味があるのよ』と教えてくれた」

そうした〝よい品物〟を見て育ったこと、そして家業の技術の高さも実感しつつあり、漠然と「長男である自分が継ぐだろう」と思うようになっていた。だが、先述したように、裕樹さんは大学卒業後、別の道――理系の技術職のサラリーマンになった。

　家業に入ったのは六年前（２０１３年）と、わりと最近のことだ。まったく異なる道に進みながらの方向転換は、よほどの理由があってのことか。

「いやいや。自分としては、いつかは継ぐと考えていたので。だって、中学卒業、高校卒業、大学卒業といった節目には毎々、親父に相談していたしね」と言う。

　でも、そのたびに「高校はみんなが行くのだから」とか、「せっかく勉強したんだから大学受験を」とか、「大学院の話があるなら、上に行け」とか、「そこまで勉強したからには、それをいかした仕事に就け」と諭されてきた。親の言う通りにしたわけじゃないが、大学と大学院で土木を専攻した裕樹さんは、院を卒業したのち、超大手の鉄鋼メーカーに就職した。

「就職が決まったとき、おばあちゃんに『裕樹は鉄のアイロンを持つんじゃなく、〝鉄のシャベル〟をつくるメーカーに行くのか』って嘆かれたけどね」

　サラリーマン時代は、離島に水を通すべく、海底に何キロものパイプラインを引くこと、地震対策として何千トンものコンクリート製配水池を鉄で耐震補強するなど、あれこれスケールの大きい仕事を担ったそうだ。

　いつかはと思いつつも、本気で「会社を辞めて家業を継ぐ」と決めたのは20年近くも勤めたころだ。勤続20年ともなれば、サラリーマンとしても脂が乗った時期でもある。なのに転職。しかもオーナーとして職人を動かすのではなく、自らが職人になる道を選んだ。

　経験がものを言う仕事に就くのには……遅すぎないのか？　いや、裕樹さんにとっては、ちょうどいいタイミングだったのだ。

「このとき、店は親父とお袋と叔母と、何十年も勤めていた職人さんがふたりいて。親父も職人さんも70歳以上と、高齢化以外のなにものでもない。その状況を見て、やるなら今しかないと思った。だって、職人さんが辞める直前に僕が入ったとしても、わずかな期間じゃ、上手に引き継げないでしょう。このタイミングを逃したら技術を受け継ぐことができない。まさか技術のないまま、跡を継ぐわけにはいかないから。それに、おじいちゃんの代から続いている店をつぶしたくなかった」と、自分の勘に従って、会社に辞表を出したのだった。

会社からの引き留めはなかったのか？　同業他社への転職ではなく、実家を継ぐという理由だからか、「拍子抜けするほどスムーズ」だった。

洗えばいいってものじゃない

店に入ると同時に、裕樹さんはクリーニング師の資格を取得すべく、東京クリーニング学校に通った。クリーニング師とは、クリーニングの技能と知識、衛生管理にまつわる知識などを持つ者に与えられる国家資格のこと。シミ抜き、アイロンがけなどを一手に行う、まさにクリーニングのプロ中のプロなのだ。

「夕方の5時まで店で働いて、6時から9時は学校に通うという生活を一年間。学校ではクリーニングの技術だけでなく、クリーニング業法という、衛生法規や公衆衛生、洗浄理論、シミ抜きなど徹底的に叩き込まれて。一年後にクリーニング師の資格を取りました」

クリーニング業界には、「ひとつの事業所（会社）ごとに、必ず一名以上のクリーニング師を置くべし」との法律（クリーニング業法）がある。

「法律で決まっているのだから、クリーニング師はどこのお店にもいるってことでしょ？」という声はごもっとも。

クリーニング店の形態は少々複雑で、自家洗いの店・取次店・宅配など無店舗型取次店に分けられる。伊澤クリーニング商会のように、受付（洗濯物を依頼する場所）と工場が一体の「自家洗い」店には常時、クリーニング師がいる。だが、受付と工場が別の場所にあるクリーニング店では、クリーニング師は工場にいることがほとんどで、受付店舗にはいないケースがある。つまり、クリーニングの「プロ」に直接、接することができるか、できないか、この違いは大きい。

われわれユーザーが接するのは、どの形態にしろ、「店舗」である。ここにクリーニング師が常駐していれば、直接、品物を吟味し判断してくれて、適した方法で洗い仕上げてくれる。その結果、それが〝よい店〟となるのだ。だが、ユーザーとクリーニング師が対面しないと、そのまま、流れ作業で処理されてしまうケースがあるということだ。

となると、受付時にクリーニング師がいたほうが、

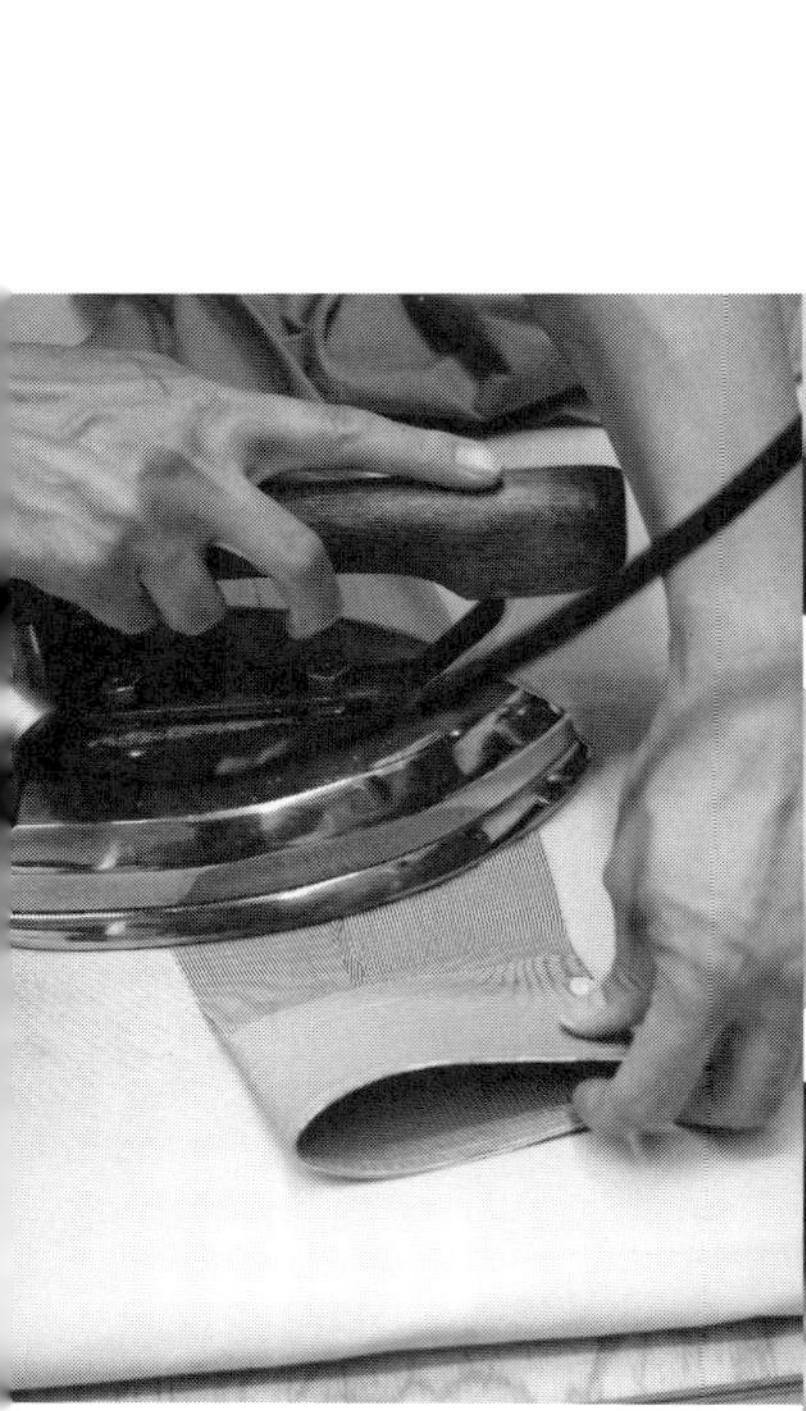
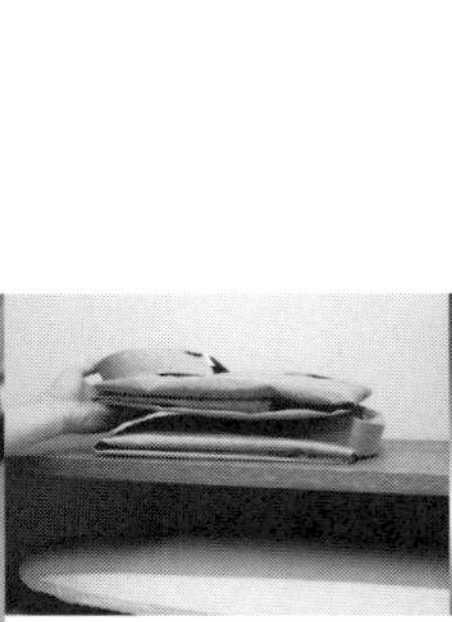
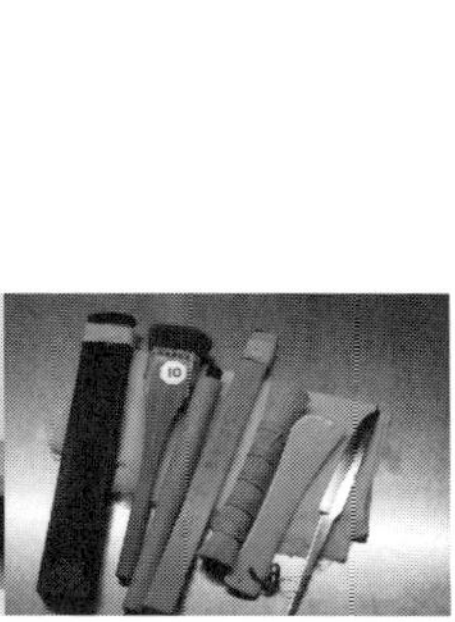
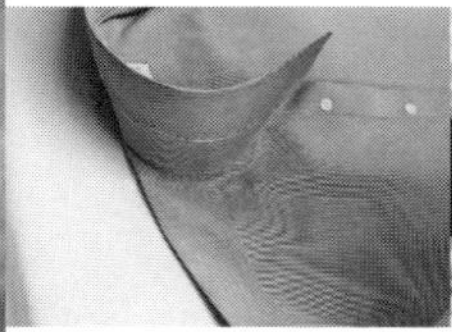
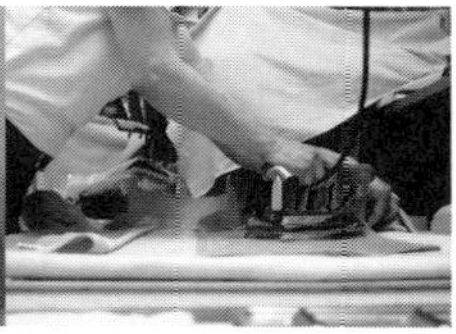
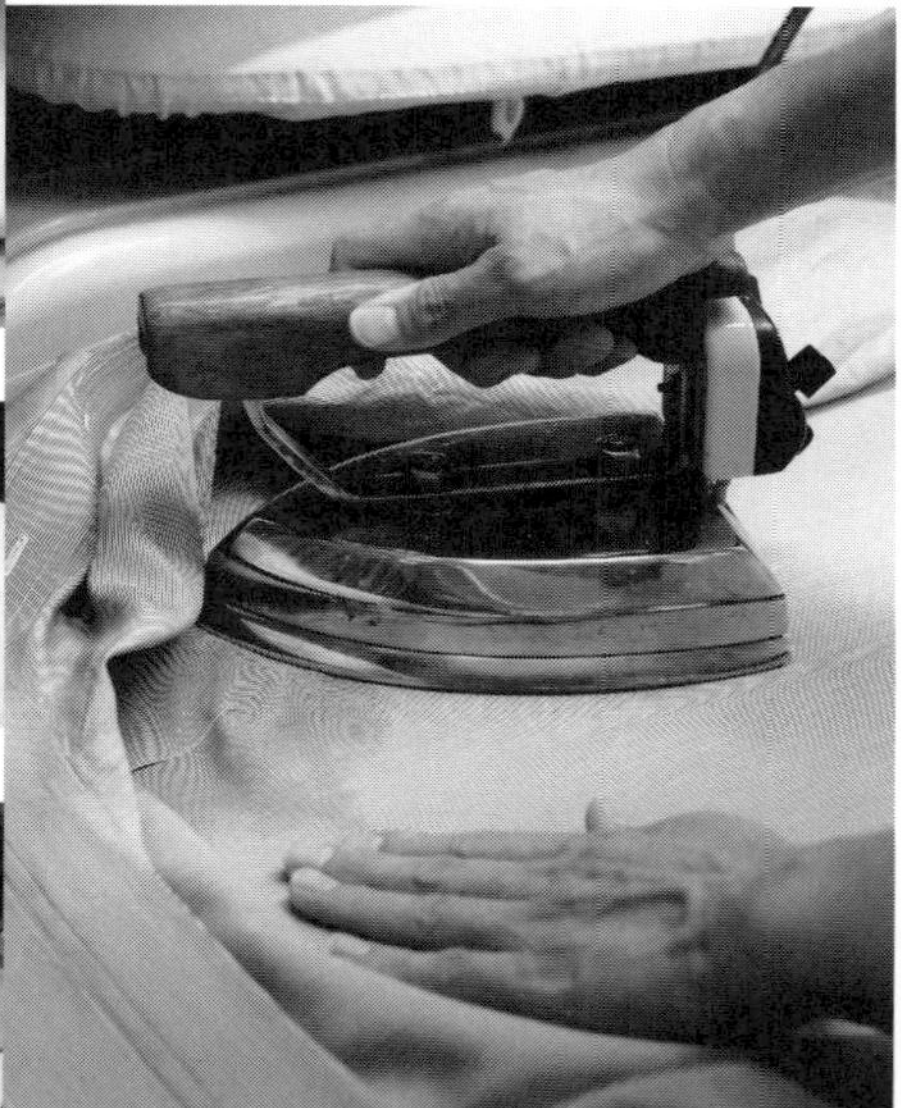
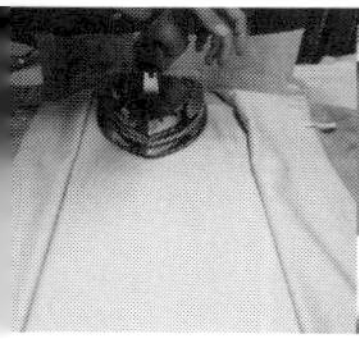

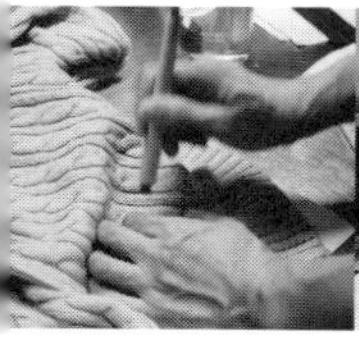
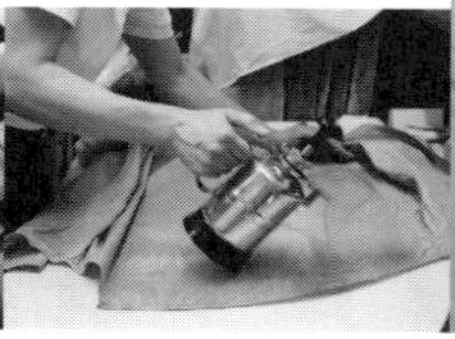

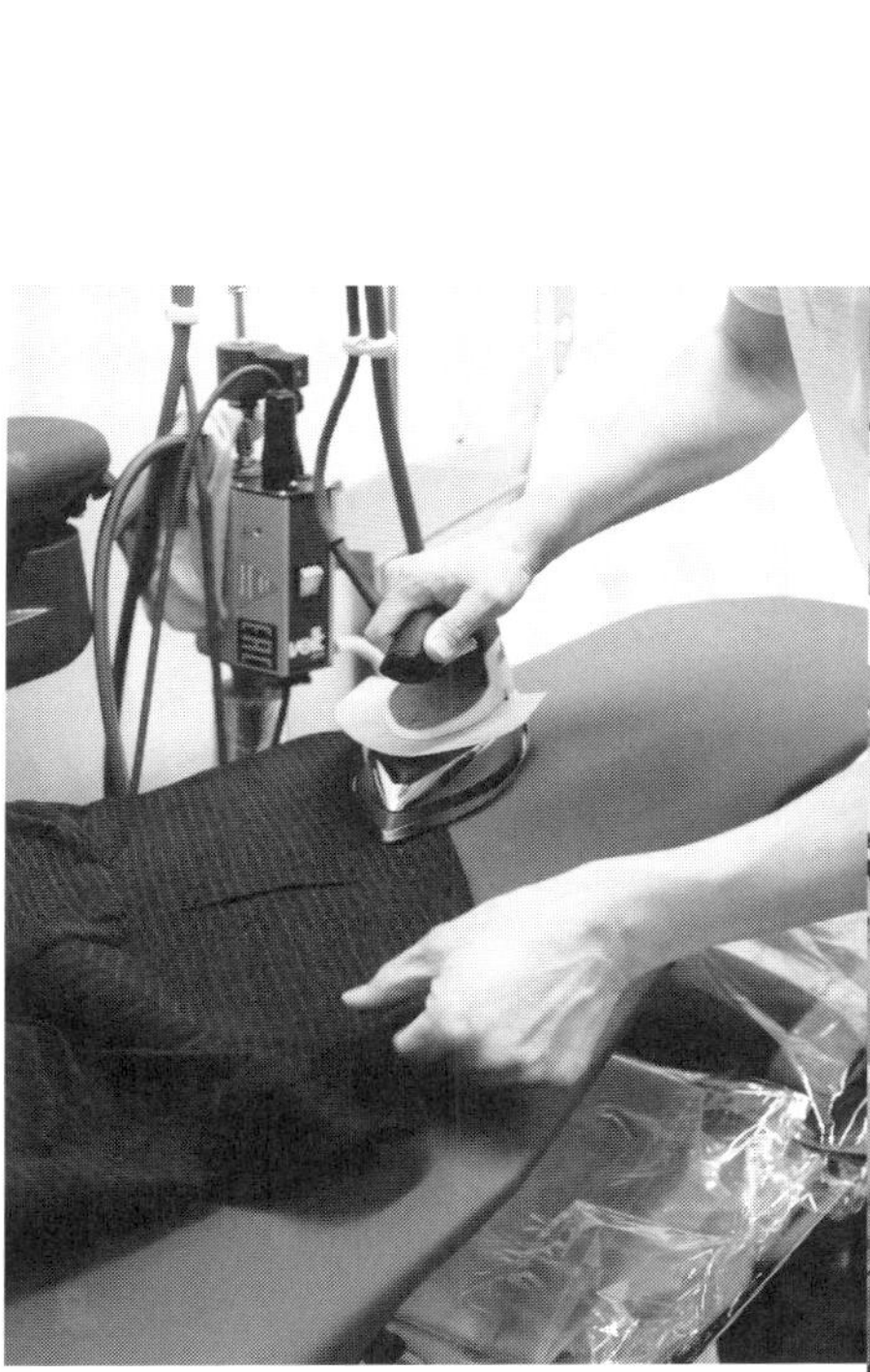

「淡々といい仕事をして、収益を上げること。そのためにはもっと技術を高めたい。ベテランのテーラーやファッション業界の人と遜色なく、いろんな服の話をしたい」と次世代のクリーニングを担うべく邁進している。

断然、安心だ。たとえ現場（工場）にプロがいるといえども、自分の目の前で、汚れやシミ、傷みなどもろもろをチェックしてもらいたい。

「それが〝自家洗い〟できる個人店の強みですから！顔が見えるからこそ、大切なお洋服にとって、的確なお手入れができるんです」

となればますます、クリーニング師がいる店が安心となる。だから、「どこに出しても同じでしょ」というのは大間違い。

大量に洗浄し、オートメーションで仕上げる店ではこうはいかない。やや乱暴な言い方をするが、〝洗って乾かしてシワを伸ばすだけ〟ということだ。

「ただ洗えばいいってものじゃないからね。お客さまが見落としている汚れやシミ、ほつれを見つけたり、機械を使う水洗いなのか、手洗いがいいのか。それともドライクリーニングなのかなど、どういったプロセスできれいにするか、一枚一枚吟味しているんです」

一枚一枚を吟味するというのは、低価格重視の店ではしない。たとえば、「シミの付いたシャツ」。洗う前にシミを落とすための前処理をするだろうが、そこで落ちなくとも、それ以上のことはしてくれない。

これ、決して、〝それ以上、しないこと〟を否定しているのではない。コストパフォーマンスを優先するのか、それとも質で選ぶのかは、その人（その時）次第。でも、この違いを知っていれば、どちらが自分に適しているのかがわかってくる。

そしてあらためて思った。クリーニング業も「餅は餅屋」なのだと。

経験をカバーする理論

ところで、裕樹さんは、すぐにクリーニングという仕事ができたのだろうか。

昨今は、スーツさえも一発でプレスできる機械が標準的で、どの工程もオートメーション化されているが、伊澤クリーニング商会のモットーは、丁寧で正確な〝手仕上げアイロン〟である。一朝一夕に、その技術を得ることは難しいに決まっている。

たとえ裕樹さんが器用であっても、そこは熟練の職人に敵うはずがない。ではどうしたのか？　答えはひとつ。ベテランの職人さんのスキルを徹底的に学ぶべく、手を動かすことだった。

「でも、手取り足取りで教わるのではなくて。まずは職人の仕事をよく見る。そして、自分でやってみるしかない。やりながら、『ここはどうするんだろう？』という疑問が出てくるので、そこを訊いて反復する。それしかなかった」

職人さんが引退するまでの期間は限られている。たった数年で、何十年もの経験からなる技術を受け継がなきゃならない。だから、裕樹さんは確固たる覚悟で、すべての技術に向き合った。

機械での水洗い、ドライクリーニング、手洗い……。手洗いひとつとっても、水洗いするものもあれば、ベンジンでの吹き洗いもある。和服のお手入れのような繊細な技術も使いこなす。

アイロンによる仕上げにしても正解はひとつじゃない。道具もさまざまなら理論もいろいろだ。実際に綿のワイシャツにアイロンをかけてもらいながら、説明してもらう。

「プレスには熱と時間、水分、圧力が必要で。乾いたものに、いくら頑張ってアイロンを当てても、シワは伸びませんから。霧を吹き、湿り気を与え、シワとなっている繊維分子を動きやすくし、そこに約１８０℃の熱でアイロンしてやると、乱れていた繊維分子が整い、シワがなくなる。また濡れたところに熱いアイロンをかけることで、生地に張りが出てピンとなる。これを『糊が立つ』と言うんです」

畳んだワイシャツを重ねたときに、クテッとなるか、ピンッとなっているかは、この「糊が立つ」か否かにかかっている。それには道具も重要。裕樹さんが使うのは〝コテのアイロン〟だ。コテは昔ながらのとっても重たいアイロンで、現在、これを使っているのは都内でも数店しかない。その理由は、このタイプのコテはすでに生産されていないことと、重量がネックで、使うのを渋る人も増えているからだ。だが、圧倒的にきれいに仕上がるという。

きれいな仕上がり＝「シワがなく、糊が立つ」こと。この理論を学び、〝コテのアイロン〟の機能性を追求したうえで技術を磨くのが、今の職人だ。〝コテのアイロン〟は、その重さゆえに高圧力。なので高い熱を発することができる。だが、かつての職人はその反対で、ひたすら反復した結果として、「シワが取れ」「糊が立つ」ことを知った。おのずと身体が覚えた技術が、理に適っていた。つまり、理屈はあとからついてくるている。というこことだ。先人たちが時間をかけて得た技術を、体系的に得ることができるのが、今の時代だ。技術の進化や伝達方法の多様性によって、それは容易になっている。

何年も下働きをして修業をすること——これも大事なことである。だが、15、16歳から丁稚修業という時代ではない。多少スタートが遅くとも、それを挽回する、いや、ものともしないメンタルを持ち、習得するための努力があれば、充分スキルを習得できるのだ。

たしかに、何十年も仕事をし続けた職人さんらには敵わない。積み重ねられた経験をすぐに真似するなんてできやしない。そこを敵わないと諦めるのは簡単だ。でも、裕樹さんは諦めなかった。いかに、そこに近づけるのか、その壁を乗り越えるのか。そのための努力と工夫を惜しまず、「いいクリーニングとはなにか？」を日々、追究している。

「結局のところ、自分を突き動かしているのは『きれいに仕上げたい』という探究心。ただそれだけなんだけどね」

俺のクリーニング!?

裕樹さんが新たに導入した機械がある。ドイツ・ファイト社製のアイロン仕上げ台だ。ファイト社とは、世界屈指の仕上げ機メーカーで、アルマーニやマックスマーラ、ラルフローレンなど名高いブランドの縫製工場で使われている。日本のアパレルメーカーも導入しており、〝出荷直前の商品仕上げ〟に欠かせない機械だという。

「二年前にここを改装したときに入れました。仕上がりの美しさはもとより、合理的な仕組みなので、作業効率がいい。結果、身体の疲労が格段に減りました」

機械の導入もそうだが、裕樹さんは、伝統を守りながらも、自分ならではの、店づくりを行うべく、今まさに試行錯誤をしている。

昔は、多くの商店、それも大店になればなるほど、店主は〝社長〟として采配を振るうもの。自ら職人仕事をすることは少なかった。伊澤クリーニング商会もそうだった。父・勝令さんも優れた技術者ではあったが、外交（営業）を主にしていた。

だが、裕樹さんは、先代や先々代とは違い、職人さんを抱えるのではなく、自分が「職人であること」を選んだ。これまでの商売の仕方では、新しい顧客を見込めないだろう、という判断だ。また、クリーニングの技術は数百種類と多岐に渡っているため、専門化することで、自分が得意とする技術に集中したい、という思いもある。

「知識と技術を駆使して、どう一枚と向き合うのか？となると、『俺のフレンチ』ってあるじゃない？あんなふうに、たとえば『俺のセーター』と名乗って、セーターのメンテナンスに特化したサービスを提供するような。そんな今までになかったビジネスモデルがあるんじゃないかと」

そうした構想のひとつに、丸の内界隈のビジネスマンを対象とした〝着替えスペースのあるクリーニング屋〟がある。思い立ったきっかけは、日々の配達中のことだった。場所柄、仕立てのいいスーツにカバン、靴といった〝できるビジネスマン〟をよく見かける。が、クリーニング師というプロの目から見ると、

「ものすごくいい背広を着ているのに、メンテナンスが惜しいと思うことが多々あって。僕にまかせてくれればもっと素敵になるのにって。だったら、勝負をかける商談やデートの前に、うちに寄ってもらえるような、それはここ（神保町）じゃなくて、丸の内に新たなお店を……という妄想なんだけれども（笑）。でも、たとえばランチタイムに、今、着ている背広を出してもらって、美しく仕上がった背広に着替えていただく。これ、イケる、と思いません？」

丸の内の店はまだまだ「夢」と言うが、今は、そういうアイデアの構想を練っている段階だ。従来のやり方に甘んじていては先がない。とはいえ、伝統を守ることは忘れない。祖父から受け継いだ三代目として、新しい試みにトライしているのだ。

先日も、一般向けに「プロが教えるアイロン講座」を行った。もちろんはじめての試みだ。プロの道具と技を披露し、参加者にアイロンがけを体験してもらい、ポイントを解説。家庭でのアイロンがけのコツをレクチャーするというものだ。アイロンがけを上手になってもらいたいという思いもあるが、もうふたつ、目的があった。それは〝自家洗いをし、手仕上げする〟クリーニングのよさを知ってもらうこと、そして、伊澤クリーニング商会のファンをつくることにもあった。

世代交代がなされた

昨年、三代目社長に就任した裕樹さんの仕事ぶりを、勝令さんに訊いてみた。勝令さんは、現在も東京都クリーニング生活衛生同業組合の理事長を務めている。

「親として見れば足りないことも多いけれども、よくやってくれていますよ。ウチのPRにしても、僕は全然考えたこともなかったけれども、息子は大切にしている。うん、この商売は信用第一。お客さんあっての商売だから。ウチに合う、ウチの技術を望んでくださっている、いいお客さんをどう確保するかにかかっているね」

勝令さんは、昭和15年（1940）生まれで、高校の時から店を手伝い、昭和37年（1962）、大学卒業後、家業に就いた。

「最近は、宮内庁や宮家にも息子が行っているから、ちょっとさみしいねぇ」

先述のように、伊澤クリーニング商会は宮内庁・宮家御用達でもある。きっかけは初代・伊那雄さんだ。

「女性もののオートクチュールで、草分け的なデザイナーさんがいらっしゃいまして。この方とうちの親父が親しくて、『この服をケアするには伊澤さんしかいない』と、ある宮家に推薦してくださったんです。昭和27年（1952）のことでした」

以来、長きに渡り、宮家と宮内庁関連のクリーニングを担っている。勝令さんが「特別なことを仰せつかっている」と意識したのは中学二年か三年のときだったという。また、昭和40年ごろは、自転車で御用聞きもしたそうだ。

「宮家の裏に大きな木があって。その木陰で、シャツを着替えてから伺ったものです」

宮家の職員が、ほかの宮に移れば、その宮の仕事を受け、またほかに移れば、その宮へ……というように、信用が縁をつないで今まで来たという。もちろん、そこにはたしかな技術があってこそだ。

「祖父の代からいただいている、宮家のお仕事は途絶えさせてはいけない」と、裕樹さんも使命感に駆られている。

現在、店は裕樹さんと、奥さまのマリ子さんを核に、40代の女性社員、パートさんがふたり……とグンと若返っている。

12

伊沢裕樹

1969年
東京・千代田区神田神保町生まれ

伊澤クリーニング商会

東京都千代田区神田神保町1-58　伊澤ビル1F
Tel：03-3291-5531
営業時間：月〜金曜 8〜18時（土曜は〜17時）
定休日：日曜・祝日・月に1回の土曜（毎月変動）

isawacleaning.com

継いで六年。老舗の技術と心意気を大切にしつつ、新しい試みにトライ。そんな裕樹さんと「仕事をしたい」と意気軒昂な若者が訪ねてくることもある。裕樹さんの当面の目標は、「淡々といい仕事をして、いい収益をあげること。そのためには、扱うアイテムを特化して技術を高める」ことにある。

そうした状況を見て、勝令さんは、「だいぶ仕切ってきちっとやってくれている。たまに、店に降りてきて手伝おうとすると、『いいよ』と言われるのがさみしいけれどね。事業の継承が難しいときに、後ろにつながっていくのはうれしいことです」

まさに今、世代交代がなされている。

かまくら篆助 雨人 加藤俊輔

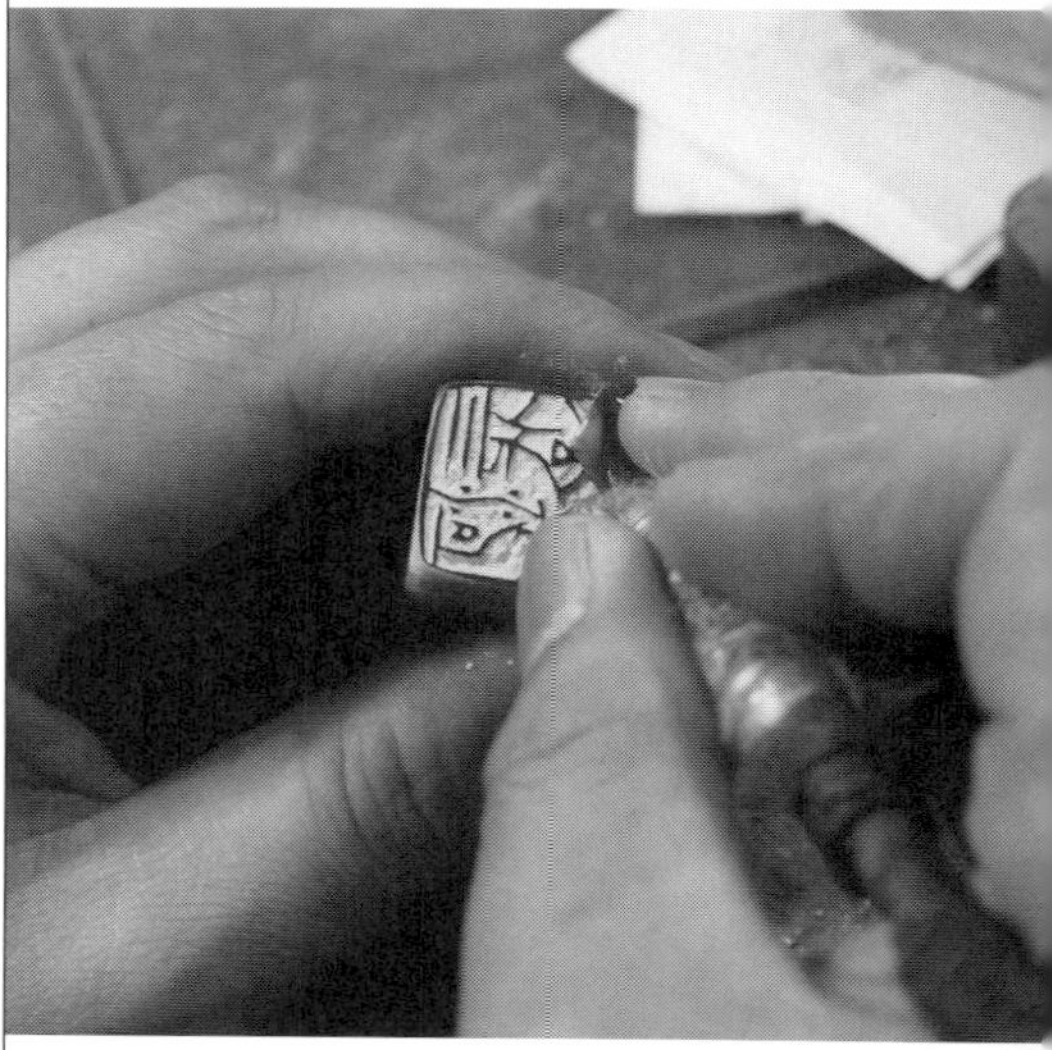

13

Ujin

Syunsuke Kato

世界最速の男、誕生

自らを〝世界最速の男〟と称するのが、北鎌倉に工房を構える、篆刻家《てんこくか》の雨人《うじん》こと加藤俊輔《かとうしゅんすけ》さんだ。

篆刻とは、書道や日本画を嗜む人にはお馴染みの印で、作者が自分の作品に落款（サイン）として押すものである。それにしても〝世界最速〟とはいったい？

「彫る時間が世界で一番速いの。ここにも〝一個を30秒で〟って書いているでしょ」と看板を指差す。30分でもなく3分でもなく、30秒で彫ってしまうというミラクルを起こすのが雨人さんなのだ。

試しに注文すると、1センチ四方程度の石に、印刀で文字をふたつほど瞬時にデザインし彫り上げる。うん、たしかに30秒だ。

私がはじめてオーダーしたのは五年ほど前のこと、共通の友人を介して知り合い、愛称を彫ってもらった。そのときも30秒で完成した。いや、おしゃべりをしていたからもう少しかかったかもしれない。

でも、この「30秒」がキラーワード。このスピード感、そして〝世界最速〟の謳い文句もあって、道行く人々の足が止まる。

「大半のお客さんは30秒を求めてないんだよね。『ゆっくりやってください』って言ってくれる」

とはいえ、ほぼ30秒をキープ。でも、どんな文字がくるかわからない。瞬時に鏡文字で考え、デザインして彫るのは尋常じゃない。猫やクルマ、楽器や食べ物など「絵」も彫る。どんなリクエストにも対応する順応性と瞬発力だ。どこでそんなトレーニングを？

「崖っぷちの状況だからできるわけ。背に腹は変えられないというか。複雑な注文の場合は、『どこからいらしたんですか？』と世間話をして、いつスタートしたかわからなくするけどね（笑）」

冗談とも本気ともつかないが、雨人さんが「篆刻ライブ」と名付けた実演販売のスタイルを確立したのは、まさに〝崖っぷち〟がきっかけだ。さかのぼること15年前。29歳のとき、雨人さんは自分の工房から外に飛び出した。神奈川・川崎でのアートマーケットだった。

「出店料が2000円で、売り上げはすべて自分のもの。路上スタートとしてはよかった。でも野外で炎天下。暑さは我慢できたんだけど、材料の石にヒビが入っちゃってさ」

初出店はまあまあの売り上げだった。そこでほかの催事にも声をかけられ、フリーマーケット、さらには百貨店と販路が広がっていった。

「デパートの『職人展』に呼ばれたときは、自分のランクが上がった気がしてうれしかったなぁ。まったく売れなかったんだけどね」

だが、この職人展を契機に別の催事にも声がかかった。そこで雨人さん、人生何度目かのピンチに合う。

「アートマーケットはいいの。ある程度、篆刻を理解している人が来てくれるから。説明することもなく、無駄なおしゃべりもせず、黙々と彫っていればいい」

ところが、だ。

「ショッピングモールの本屋さんの店頭で。前を通るのは通勤帰りだったり、お惣菜を買いに来たりと、篆刻になんの興味もない人たちばかり。誰も関心を持ってくれなくてビックリした。で、一週間のノルマは40万円なのに三日で一万円にもなってない……。売り上げはバイヤーと施設と俺とで均等に割るんだけど、これじゃ、企画してくれた会社に迷惑をかける。さすがにマズイと血の気が引いた！」

　客引きの技術も話術もない。さあ、どうする？

「書店のビジネス書コーナーに走って。ありとあらゆるビジネス本の目次をめくってヒントを探した。お客さんが来ないから、時間だけはあったからね」

　持ち前の集中力もあって。また、なにより切羽詰まった状況――雨人さんの言葉を借りれば〝崖っぷち〟ゆえに、その目次から「三つのヒント」を導き出した。

「ひとつは速さ、もうひとつは値段、そして可愛さ」

　これがドンピシャだった。

「お客さんは書道も篆刻も知らない人たちだから、真面目なモノを欲していない。最初は〝30分で5000円〟という設定だったんだけど、でもさ、好きでもないことに、そんなに払えないよなーって気が付いた。で、〝30秒で彫ります。1200円でやります〟と看板を書き換えたら、すぐに行列ができちゃった！」

　地獄に仏とはまさにこのことだ。けれども、

「俺、30秒で彫ったことがなかったんだよね。ま、お客さんが来るまで練習すればいいや、とはじめたら、あっという間に並んで、いきなり本番に」

　行き当たりばったり。はじめてのお客さんはお母さんと〝蒼ちゃん〟という名前の女の子だった。

　彫る手順はこうだ。

1　彫る面に軽くヤスリをかけ、マジックで黒く塗る（彫った部分を認識しやすいように）。

2　文字を脳内で鏡文字にして、ラフを描く（これも脳内で）。

3　彫る。

4　完成。試し押しをして、はいどうぞ。

　これで30秒だが、それは現在のこと。初挑戦ではまったくこの手法に至っていない。

「超焦った。デリバリーのピザ屋さん感覚で、30秒過

ぎたら罰金になるんじゃないかと思ったぐらい。もう、デザインどころじゃない。ともかく字が彫られていればいいや、と開き直りつつ、めちゃくちゃ集中した」

宣言通り30秒でフィニッシュ。蒼ちゃんに手渡すと、「わ〜、すごい!」と大喜びしてくれた。

「ホッとしたと同時に、これで食いっぱぐれないと思ったね。終わってから三日間寝込んだけどさ」

でも……「篆刻ってこういうのだっけ?」と感じた方、するどいです。雨人さんには「本来の篆刻」と「遊びのはんこ」とがある。今話したのはもちろん後者。だが、これができるのは、本来の篆刻技術があってこそだ。雨人さんの実演を見ると、手軽にサッとできるようだが、そこには長くて深い修業があった。

「修業? いや、ないないない。俺、天才だからすぐにできちゃったんだよね」

書にのめり込む青春時代

父方の祖母は日本画家、母は書道の師範。というと、雨人さんが篆刻家になったのは自然の成り行きと思えるが、そう単純ではない。

幼少期から、たくさんの習い事をしていたものの、才が開くわけでなく、勉強も嫌いで苦手。地元の公立高校だと「レベルの低さがバレると嫌だから」とちょっと遠くの私立に進学した。

勉強嫌いの雨人クンは、当然高校でも勉強をしなかった。勉強をしないくせに、173人中173番目になったときは心底絶望したという。

大学は無謀だが進学はしたい。誰でも入学できる新設の短大の存在を知り、渡りに舟とばかりに親に相談すると、「母親が資料を取り寄せてくれたんだけれど、まったく違う学校だった!」

真相はこうだ。雨人さんは「タンダイに行きたいんだけど」と言い、お母さまは「いいじゃない、タンカイね」と理解した。

雨人さんのタンダイ=短大で、お母さまのタンカイ=「淡海書道文化専門学校」のことだった。いわゆる聞き間違いだが、なんという運命の巡り合わせか。

「淡海は、母親が所属していた書道団体の専門学校だったんだよね。一応、どんなところか知っておこうと学校に電話をしてみた」

すると「女子学生は70人で男子は4人だけ。だから男子は大歓迎」と言われ、すぐさま願書を提出。

「女子にモテそうという下心があって。試験なんてないよ、早いもん順。たぶん俺が一番に送ったはず」

そして翌年の春、晴れて入学。キャンパスは滋賀県の東近江市だ。長閑でなにもない環境だった。男女交際禁止、アルバイト禁止、クルマ&バイクも禁止。和服姿のおばあさん先生ばかりのなか、することといえば「書」しかなかった。

母親が書道の師範で、小さいときから筆を持っていたとはいえ、雨人さんには長いブランクがある。楽観していたが、書道の精鋭だけが集まっている場だ。ちょっとやっていましたレベルではまったく太刀打ちできなかった。

だが、負けず嫌いなのか、手先が器用なのか、書道以外にすることのない田舎生活だったのか。それらが重なり合って、雨人さんは書道にのめり込んでいく。

「ひたすら字を書いていた。授業はすべて書道に関係することだけだし、宿題がすごく多いし。淡海は書家の原田観峰《かんぽう》が創立して、その流派の指導者を育てるための学校だったんだよね。だから、観峰先生のお手本通りに完璧にコピーするのが目的。うまく書けると楽しくなっちゃって。すっかりハマってしまった」

寮に戻れば、まず墨をすり、飽きることなくずっと書いていたという。これほどまでに真剣に取り組んだのは人生初。気づいたら、かなりのレベルになり、全国の観峰流の指導者が集う会に選出され、揮毫《きごう》するまでになったという。

「卒業後の進路を決めるとき、先生方から東京の研修所に誘われたけれども、観峰流という団体に純粋培養された人間になるのはごめんだ」と、誘いを断った。

波乱万丈の幕開け

観峰流に勤めるつもりはさらさらなかったが、まだ存命だった原田観峰氏から、「中国に学校をつくるから、希望者はついて来い」と言われ、すっかり中国に行く気になった雨人さん。

が、結局中国に学校はできなかった。つまり、次なる道は断たれた。

「でも中国には絶対に行くと決めていて。そのちょっと前にあった〝篆刻〟の授業がかなりおもしろく、篆刻を極めようと思っちゃったんだよね。篆刻をやるには本場の中国でしょ？　書道で食べていくのは大変な今、篆刻しかないって確信した」

世の中に書家や書道好き、版画や絵手紙好きも多くいる。作品には必ず落款を押すから、篆刻の需要があると踏んだのだ。そこで、淡海の先生に、中国人の篆刻家を紹介してもらい、中国留学へ……。

「いや、まだ早い（笑）。淡海卒業後は、飯田橋にある中国語の専門学校に入ったの。とりあえず話せないと困るし、なにより中国で暮らすための金を貯めなきゃいけなかったから。学費？　親にしてみれば〝短大二校分〟は、四年制大学一校分と同じだったんじゃない。それは遠慮なく払ってもらいました」

留学資金を貯めるため、リアルな中国語を学ぶために横浜の中華街でバイトをはじめて二年。卒業と同時に中国へと旅立った。雨人さん、22歳のことだった。

ようやく篆刻修業となるが、これまたすぐには進まない。紹介状がありながら、師のもとには行かず、なぜか「働きながら篆刻を教わろう」と考え、篆刻を扱う店を渡り歩いた。結果は惨敗、当たり前だ。

「この世の終わりだと絶望したとき、ポケットに手を突っ込むと、中国の篆刻家の住所と電話番号が書いたメモがあったんだよ！」

果たして、その篆刻家に電話をかけると、

「なにやってるんだ、さっさと来い！」と怒られて、ようやく雨人さんの中国修業の幕が上がった。

修業先は、北京にある「首都師範大学」だった。淡海の先生が斡旋《あっせん》してくれた中国人の篆刻家というのは、この大学の教授である高惠敏《こうけいびん》氏だ。

行き当たりばったりで根拠のない自信に満ちている雨人さん。篆刻に関しても授業でかじった程度にも関わらず、己を天才と自負していた。

「高先生から『片腕として働いてくれ』と言われるはずだったのに、『篆刻をやったことがあるのか？　君は篆書体をわかっていない』と呆れられた」

篆書体とは、古来中国（明の時代）の書体のことで、日本の紙幣やパスポートにも使われる由緒正しきもの。象形文字を基本としているため、可読性が低く、偽造しにくい。いわば篆刻の基本となる文字だ。だが、雨人さんは、その存在すら知らなかった。淡海では、観峰流の文字しか習わないし、見ることもなかった。

「篆書体を書けないで彫れるわけないだろう。とにかく書けるようになれ」と、教本を渡され、徹底的に模

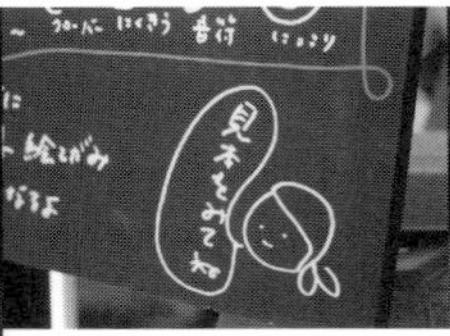
見本をみてね
絵てがみ

篆助

手紙のはじっこに
年賀状に

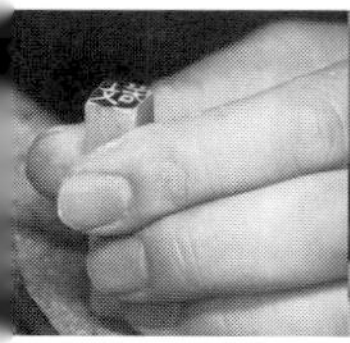

道

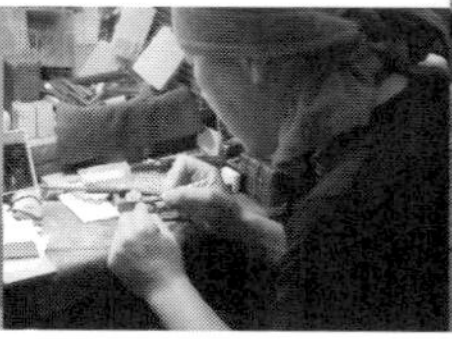

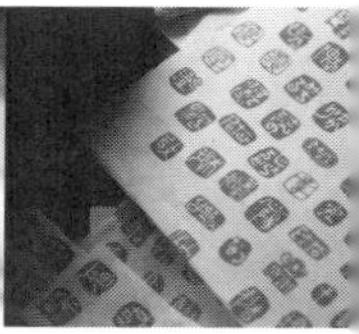

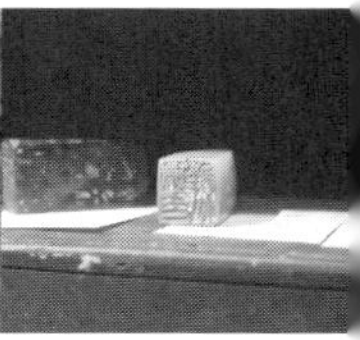

石とペン、印刀があればどこにいても「はんこ」と「篆刻」を彫ることができるが、北鎌倉の工房がいちばん落ち着く場所だ。ここでは雨人さんの書も販売。生活骨董が好きで、それらと組み合わせた作品も見応えあり。

写することになったのだ。

「手本通りにひたすら書くことに、またハマって。何カ月か書いているうちに、篆刻のことを忘れるほど楽しくなった。で、ようやく高先生からお許しが出て。篆刻の技術と概念を教わったんだよね」

篆刻修業の基本は、ひたすら模刻。先人たちの印を、寸分違わず、欠けているところも、膨らんでいるところもすべてを模刻しなければならない。

「ちまちまやり続けた。たぶんこのときの俺は、世界で一番篆刻に打ち込んだ人間だと思う」

ただ、古来の篆刻には、それほど惹かれなかった。

「超一流だけど、線がグチャグチャしていて。これなら、俺のグチャグチャのほうがセンスあるってね」

この感覚が、冒頭で紹介した、現在の「遊びのはんこ」につながっていく。

日本一の篆刻家になる！

二年の篆刻修業を終え帰国。「首都師範大学」で得たのは、篆刻の技術と知識、そして将来の妻だった。

妻となるケレンさんは、イスラエルからの留学生として国際関係を学んでいた。雨人さんとは同棲を経て、結婚を約束したのだった。

日本に帰ってきたが、華々しい篆刻家デビューが待っていたわけがない。世間は甘くなく、日本橋にある書画材料の老舗でサラリーマンになった。同時に、篆刻家の豊岡歩斎《ほさい》氏に師事し技術を磨いていく。そして翌年、24歳でケレンさんと結婚。

「うちのカミさん、給料がいいから、俺が会社を辞めて主夫になろうと。家事をして、いい字を書いて篆刻を彫っていればいいかなって」

そこで「日本一の篆刻家になります」と宣言して、会社を辞めた。だが、辞めた翌月に妻の妊娠が発覚。無職の夫と、妊娠で仕事を辞めざるを得ない妻――

「子どもが生まれるのに収入の見込みがないなんてヤバすぎるでしょ。すぐに近所のファーストキッチンに雇ってもらった。朝6時から午後2時までバイトして、そのあと、篆刻仕事。篆刻の注文は一カ月に一万円くらいはあった。それだけじゃまったく食えないけれど、注文が途切れないから辞めることができなかった」

平成13年（2001）に第一子である娘さんが誕生。フリーターのまま、子どもが生まれるという未知の世界に突入した。家族を養うことができるのか？ 子どもを守ることができるのか？ できそうもない。

「だから、イスラエルに移住することにした」

妻の実家を頼って、親子三人イスラエルに向かった。まるで漫画のような人生だ。随所がおもしろすぎる。

篆刻道具も書道道具も日本に置いてきた。心機一転の再出発だ。住まいは、ケレンさんの実家に世話になり、ケレンさんはイスラエルの大企業に就職した。

当の雨人さんは、語学学校に行き、ヘブライ語を話せるように。教会にも通い、そのうちブライダルに関わるイラストを描く仕事をしてみたり。「結局、いろんなことから逃げていただけ」と当時を振り返る。

そして平成15年（2003）、第二子が誕生。ちなみに、長女がたみちゃん、次女があやちゃんという。イスラエルに逃げて二年が経った。そして雨人さんのターニングポイントは二年周期である。

「日本語に飢えていたから、毎月届く日本のビジネス雑誌を何度も繰り返して読んでいた。その中に『女子大生が自作のテディベアをホームページで販売して注文大殺到』という記事があって。その手があったか！」と衝撃を受けた。


篆刻の注文が少ないのは、自分の存在が知られていないから。でも、この存在を全世界に発信できれば、実力があってセンスもいい自分に注文が来る。そう確信して一家で帰国した。行き当たりばったりさに電撃的要素がプラスされた感がある。

「パソコンとソフトを買って、自分でホームページをつくったのにまったく反応がなかった」

予定では、アップの翌日からオーダーが入るはずが、アクセスしているのは自分だけという状況だった。

「あんなにいい会社に勤めていたかみさんを辞めさせて、無理やり帰ってきてさ。なのに注文はゼロ、見てくれる人もなし。鬱になる寸前だったけれどもアイデアがパッと閃いた」

そのアイデアとは、書家や画家へのアプローチだ。「篆刻をつくりませんか？」というDMを送りまくった。だが最初はほとんど無視されていた。

「そりゃそうだよね。文面は全部コピペでどこにも心がないんだもん。でも、作品をさり気なくほめて『駆け出しの篆刻家なので1000円で彫りますよ』って送ったら反応が急増した」

〝コピペDM〟ではゼロだったのに、改善してからは

返信率8割、注文率は5割にまでにアップ。なのに、

「彫れども彫れども赤字で。だって送料もこっち持ち、印材の材料費も考えず。それで1000円。苦しいに決まっている」

とはいえ、値段を上げるのが怖く、しばらくは無茶を続けた。だが、転機が訪れる。それが「路上での実演販売」だった。

脇役だからちょうどいい

これをきっかけに、自分をブランディングすることを覚え、ついには〝世界最速〟と銘打って、篆刻家・雨人の評判がどんどん広まっていく。今ではラジオパーソナリティの顔を持つ。役者もはじめたが、生業は終始一貫、篆刻家だ。

ジェットコースターのような人生だが、篆刻家一本で生計を立てている人はおそらく雨人さんと、あとふたりぐらいしかいない。

気軽にオーダーできる「遊びのはんこ」が注目され、需要も増えている。また、書画のための「本来の篆刻」も唸るほどすばらしい。雨人さんの彫るものはすべて、人の心を響かせる。

「はんこは、俺とお客さんの思っているものが合致する。顔を見て彫っているからね。でも書画の篆刻はわからない。『おまかせで』と言われても、篆刻は作品の一部になるもので、その作品との相性も重要。お客さんの期待値はマックスで。でも、俺はそれが怖い」

天才だと言い切る自分と不安に苛まれる自分。

その間を行ったり来たりしながら、雨人さんは篆刻と向き合っている。でも、篆刻そのもののことはあまり話さない。

「俺にとって篆刻はふつうのこと。『今日の朝ごはん、おいしかったよね、昨日もおいしかった、一昨日もおいしかった』とわざわざ言わないのと同じ。どこまでも日常なんだよ。それに篆刻は、作品や手紙の付随物で脇役。俺の人生もそう。自分が主役で生きたことはないからさ」

こんなに饒舌なのに脇役と言い切るとは、あまりにも意外だ。

「そうかな？　俺、世の中に主張したいことがなくて。現状に満足しているの。だから篆刻をやっているんだよね。だって篆刻の題材に俺は必要ないもん。人の名

前を彫ればいい。その人たちに喜ばれれば幸せ」

篆刻は、お客さんにとっては脇役にすぎない。が、脇役といってもないがしろにされるのではなく、名バイプレイヤーなのだ。だから、雨人さんは、

「その印を見たときに、お客さんが泣き出すとか笑い出すとか、どう心を揺さぶるかを考えて彫ってきた。最近は、森羅万象というか、さまざまな世界観を、篆刻に閉じ込められたら最強だなぁって」


日常だからこそ、ずっと続けることができる。脇役だから自分を誇張せず、誰かのために、その人のことを考えて彫ることに専念できる。毎日毎晩、彫り続けているからこそ、新しいカタチが見えてきた。

雨人さんは、会いに来てくれる人たちを喜ばせるために、今日も彫る。たぶん明日も明後日も。

13

雨人

加藤俊輔

1975年
神奈川・横浜市生まれ

かまくら篆助《てんすけ》

神奈川県鎌倉市山ノ内375
Tel：0467-24-2246
営業時間：11〜18時
定休日：水曜
※臨時休業あり、事前にHP等でご確認ください

tensuke.co.jp

活版印刷家

バードデザインレタープレス

市倉郁倫

14

Ikunori Ichikura

うっとりさせてくれる名刺

凹凸があるものって、ついさわってみたくなる。ずっと感触を味わっていたい、眺めていても飽きない。そんなふうに愛おしい印刷物——それが「バードデザインレタープレス（以下バードデザイン）」市倉郁倫《いちくらいくのり》さんがつくる名刺だ。

ふわっとした手ざわりの紙、そこはかとなく凹んだ文字、折り目正しい正楷書体の文字に心がはやった。

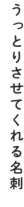

「想像以上に素敵すぎる！」

市倉さんにはじめてお願いした名刺を受け取ったときの感想だ。市倉さんに頼んで、もう何年経つだろうか。すっかり馴染んだ名刺なのに、オーダーした品が届いたとき、その箱を開けるとき、名刺ケースに入れるとき、はじめてお目にかかる方に差し出すとき……この一枚を手にするたびに、「いいなぁ」と自分でもうっとりしている。

それにしても、これまでいろんな名刺を使ってきた。社会人としてはじめて自分の名刺を与えられたときは、なんだか誇らしげだったことを思い出す。〝名刺〟というキーワードだけで、あれやこれやと記憶があふれてくるほど、名刺は大人になってからの自分と深く関係している。

で、市倉さんだ。市倉さんは、奥さまの淑子《よしこ》さんとふたりで、活版印刷を専門とするクリエイターでありメーカーだ。バードデザインがあるのは東京・あきる野市。最寄駅は、東京のいちばん西端に位置する武蔵五日市駅で里山の風景が広がる地だ。実家のガレージを印刷スタジオにし、オフィス兼自宅で小学生の娘さんと三人で暮らしている。

家業を継いだわけでも、最初から活版印刷を志していたわけでもない。市倉さんはＤＴＰのシステムエンジニアとして会社に勤めたのち退職。平成21年（2009）に、それまでのスキルを生かしたシステムエンジニアとして起業したのだった。ＤＴＰに携わっていたということは、サラリーマン時代から活版の世界に？

「それがまったく。活版印刷の存在は知っていましたが、会社員時代は印刷の部署ではなく、製版前のデータをつくるシステムの構築などを行っていました。デザインソフトでつくられたファイルを集めて、ひとつのファイルにしてそれを出力データにする、プログラムや受注管理データベースと連携するシステムです。活版印刷に直にふれたのは、独立したときのこと。妻が活版印刷の名刺をプレゼントしてくれたんです。ふだん見慣れた、印刷物とは異なる佇まいに惹かれました。でも、その当時は活版印刷を仕事にしようなんて思いもしませんでした」

起業してウェブサイト作成も請け負っていた市倉さん。顧客には、お店をはじめられる方やなにかしらの事業をスタートされる方が多かったという。

「そうしたお客さまとお会いして名刺をお渡しすると、『この名刺いいね！』とおっしゃっていただいて。新規スタートの方々が多いですから、まだ名刺をお持ちじゃない方もいらして、『私の名刺もつくって！』となるケースがあって。それでご要望に応えるようになったんです」

当初は、名刺のデザインだけをして活版印刷は外注に。が、地元のある印刷会社が活版印刷部門を廃するにあたって、活版印刷機を購入しないかと持ちかけてきた。そうして市倉さんは、その機械と活字を受け継ぐことに決めた。平成22年（２０１０）のことだった。

温故知新の印刷技術

活版印刷とは、いくつかある印刷版式のうちの、凸版印刷のひとつで、鉛合金製などの活字を組んでつくった版に、インキを直接つけて刷ったものを指す。

起源は１４５０年ごろ、ドイツのヨハネス・グーテンベルクによる金属活字と印刷機による印刷で、ルネサンスの三大発明（火薬・羅針盤・活版印刷）と称されるほど画期的な技術だった。この技術の誕生によって大量複製が可能となり、書物の普及が躍進したのである。

日本へは、種子島に鉄砲が伝えられた１５４０年代、ヨーロッパの文化とともに金属活字がもたらされた。キリスト教を布教すべく印刷所が開設され、キリシタン版と呼ばれる印刷物が広まったそう。とはいえ、木版（板に文字を彫り、絵具をつけて刷る）が主流で、金属の活字が定着するのは明治時代のことだ。

以降、改良を加えられながらも印刷の中心にいたのだが、１９７０年代あたりから、写植（写真植字）によるオフセット印刷、さらにはＤＴＰが主流になり現在に至る。つまり活版印刷はすっかり衰退した技術だったはずだ。

だがここ10年ほどで、若い世代を中心に注目を集めるようになった。名刺やショップカード、グリーティングカードなど、〝ちょっとひと味違う刷り物〟を求める人たちが活版印刷を欲したのだ。

デジタルプリントが当たり前になったからこそ、活版印刷は温かみがあって懐かしさを感じさせ、それがおしゃれっぽく映り、ある一定の支持を受けるのだろう。背景には「古くて新しい」ものをありがたがる風潮もあるかもしれない。

そして今、インターネットで「活版印刷　名刺」と検索すれば、扱う業者がズラーっと出てくるほど。もちろん、市倉さんの「バードデザインレタープレス」もだ。あきる野という、東京の中心部でないところに構えていても商売が成り立つのは、このネットオーダーによるところが大きい。

「名刺とは、その人の分身のようなものだと思うんです」と市倉さんは言う。

この言葉、たしかに！と大きくうなずいてしまうし、ずっと変わらずにいて、長く持ち続けられるものが欲しいと思ってしまう。そして市倉さんは、そんな使い手側の気持ちに寄り添った名刺をつくってくれる。

実際、私もいくつかの活版印刷屋さんに注文してきたが、どこもリピートしていない。不思議なことに、市倉さんにだけ、何度も何年もお願いしているのだ。

「名刺はご縁をつなぐ役割を持っていますから、受け取った側がどう感じてくれるのかが大切だと思うんです。だから、私は〝いかにきれいに印刷するか〟ということに注力しています。技術もですが、依頼してくださった方のことを考えて印刷することが大切。それが私自身のモチベーションにもなります」

市倉さんの口からはたびたび〝きれいな印刷〟という言葉が出てくる。きれいな印刷とは果たして？

――それについては、実際の工程を紹介しながらおいおいに。

〝きれいな印刷〟の追求

市倉さんのスタジオには五台の活版印刷機がある。最初に受け継いだ〝半自動〟の印刷機（鉛合金の活字用）と、キャスター付きで持ち運びもできるテキン印刷機が二台（ワークショップなどでのデモンストレーション用）、そして活版印刷の王者ともいうべきハイデルベルグ社製のプラテン印刷機が二台（箔押し用と樹脂版用）だ。

じつは現在、活版印刷には〝鉛合金の活字〟と〝樹脂凸版〟があり、市倉さんは両方を手がけている。前者はすなわち伝統的な活字組版であり、所蔵する活字を用いる。後者はデジタルで組版したデータを元に樹脂製の版を使用。つまり、一文字一文字、活字を拾う必要がない。

これを知ったとき、「活字を使わずとも活版印刷と言うのか」と驚き、ちょっぴり残念な気持ちになったが、じつはこの樹脂凸版にこそ、市倉さんが目指すところの〝きれいな印刷〟の肝がある。そして樹脂凸版の製造も行うのが市倉さんの流儀なのだ。

「試しに刷りましょう。テストするのは私の名刺と山崎さんの名刺がいいですね。まずは私のほうから」と、市倉さんが右側のハイデルベルグ機に火を入れる。

うっかり「火を入れる」と言ってしまったが、動力はもちろん火ではなく電気である。なぜ「火」かというと、伝統的なハイデルベルグ機が、よく蒸気機関車に喩えられるから。

「この比喩、私はまったくそう思わなくて。もっともっと精密な機械なんです」

そう言われても……鋳込みの鉄で構築された重厚な佇まい。スイッチを入れると、モーターが回転しベルトが動き、徐々に複雑に動きはじめた。基盤やコンプレッサーがなく、モーターひとつで駆動するというストイックさ。いかにもドイツ製という実直さがかっこよく、機関車っぽいのだが。

市倉さんに「ここから空気が出て、印刷する用紙を一枚一枚送るんです」と教えてもらい観察すると、見た目の大きさに圧倒されて細部に気づかなかったが、蒸気機関車のように単純ではない、と反省した。

ハイデルベルグ印刷機は、1850年にドイツで創業した印刷メーカー「ハイデルベルグ社」の機械だ。「ハイデルの歴史は印刷の歴史」と称されるほど、世界最大のメーカーとして知られるが、活版印刷機は1970年代で製造を中止している。

市倉さんが所有するのは二台とも1970年代のもの。往時のハイデルベルグ機をオーバーホールして販売する業者から購入した。

「しばらくは最初に手に入れた活版印刷機を使っていました。はい、金属の活字です。もちろん今も使っています。でも自分が目指す〝きれいな印刷〟にはこの機械では物足りなくなってきて」

そこで、先端の（といっても1970年代製だが）ハイデルベルグ機を導入し、樹脂凸版にトライすることにした。金属活字がダメと言っているのではない。あくまでも用途に応じて使い分けるということ。そう、これから試し刷りする市倉さんと私の名刺のように。市倉さんの名刺は樹脂凸版で、私のは金属活字で、準備が整ったハイデルベルグ機は樹脂凸版用だ。

ローラーにインキがまんべんなく行き渡り、市倉さんの名刺の版がセットされ、「いつでもどうぞ」といった体になっている。あとは自動的に紙が送られ進むだけ。だが、市倉さんは一枚刷っては機械を止める。

「均一に印刷されず、ちょっとばらけるんです。なので最初は一枚一枚の状態を確認しながら進めます。よくなってきたら20枚単位で印刷します」

刷り上がった一枚一枚をルーペで覗きながら、印圧やインキの擦れなどをチェックするのだという。自動といってもすべてを機械任せにはしない。それが〝きれいな印刷〟に必要なことだからだ。となると丁寧な仕事＝きれいな印刷かというとそんな単純でもない。

「きれいな印刷とは、深い凹みとにじみのない美しい仕上がりでしょうか。海外の活版印刷を見ていると、凹みが美しいんです。自分でやろうとしても最初はできませんでしたし、ほかの方に訊くと『圧をかけると文字はつぶれるから、圧をかけるものじゃない』と言われたり。でも、文字がつぶれず美しく、それでいて凹みが深い印刷は存在するんです。なぜ自分はできないんだろう、と模索するうちに〝印刷機と版〟の違いに気が付きました」

深い凹みのためには充分な印圧が必要だ。それには金属活字ではなく、樹脂凸版が適しているのだとか。金属でも圧をかけられるが摩耗する。摩耗すると文字の一部が欠けてしまい、いくら深く凹んでも、文字が美しくなければ意味がない。活字を新たにつくることもできるが、今あるものを大切に使う、それも素敵なことだ。とはいえ樹脂も劣化する。

「自分で樹脂凸版をつくっているので、劣化したらつくり直しますし、きれいな印刷のために改善版もつくります」

樹脂凸版を自社でつくるのは珍しく、以前は市倉さんも外注していたが、納得のいくものを追究するうちに、樹脂凸版をつくるための機材（樹脂版製造機）を導入することにしたという。

樹脂凸版の手順としては、まず版下となる凸ネガフィルムをつくるが、ここは外部の製版屋さんに依頼しているとのこと。市倉さんがパソコン上でレイアウトしたデータを製版屋さんに入稿すると、反転されたフィルムが出力されてくる（これが凸ネガフィルムとなる）。それをスタジオの製造機に入れて樹脂凸版をつくるのだ。

「ネガフィルムと樹脂の生板を重ねて紫外線を当てて露光して、樹脂版に転写させます。露光時間は季節によって変わりますが三〜四分でしょうか。固まったところ以外を温水で洗い流して。そうすると凹凸が出てきます。あとは乾燥させればでき上がりです」

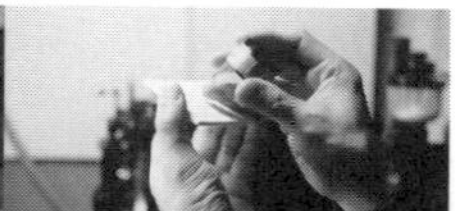

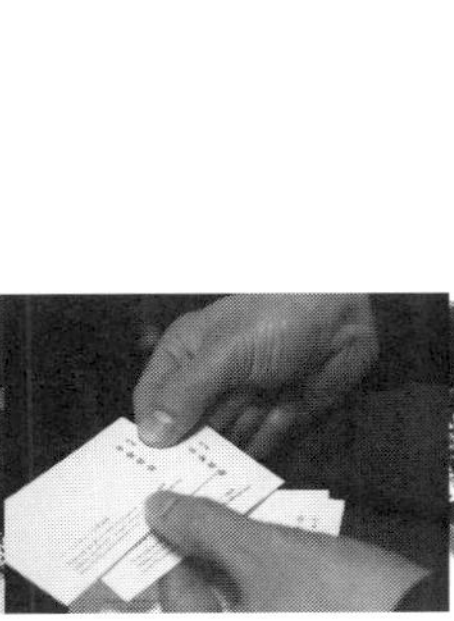

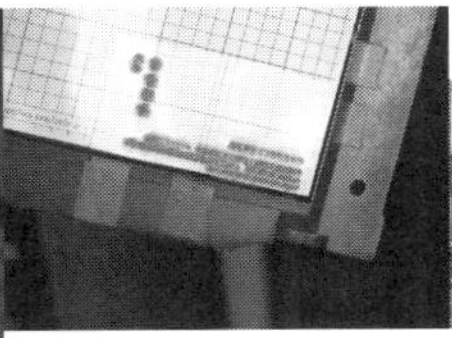

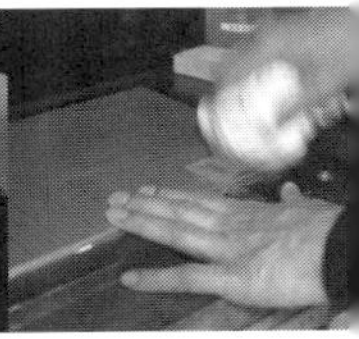

新旧の活版印刷機による印刷と、樹脂凸版づくりの工程を見せてもらった。P186右上の写真は私の名刺の「版」。名前や住所は金属活字、マークは樹脂凸版だ。この組み合わせがオリジナリティあるデザインを生み出す。

どんな図案でもできるのが樹脂凸版の魅力でもある。

「白黒ハッキリしている図案なら大丈夫です。細い文字の場合は、樹脂も細くやわらかくなってしまうので、ちゃんと出るようにするにも時間がかかります。でも、そこを調整したいから自分でやってみる。そうした研究を重ねて今に至る。樹脂凸版は耐久性があるのですが、自分の技術の向上のためにも、つくり直すことが多々あるんです」

そしてまた、樹脂版の厚さにも市倉さんの理想があらわれている。市倉さんがつくるのは、より厚みのある「ディープレリーフ樹脂凸版」というものだ。

通常が0・95ミリ厚に対して1・52ミリ厚と約1・5倍。この違いが、深くやわらかい凹みを生み、ふわっとやわらかなコットンペーパーとの相性もいい。

刷り上がったばかりの市倉さんの名刺を手に取る。しっかりと深く凹み、でも裏面にそれが出ておらず、印字部分のエッジがやわらかく、なんとも陰影が美しい。市倉さんの言う〝きれいな印刷〟がわかったような気がした。

機械と印刷物にひたすら向き合う

「では、山﨑さんのを刷りましょう」と、市倉さんが引き出しを開けると、そこには金属の活字で組まれた版（私の名刺用の）があった。この存在感はすごい。逆版になった活字を目の当たりにすると、この仕組みが五百年以上も前からあったのかぁ、すごいなぁ、と歴史の重みも感じてしまった。

鉛合金の活字を組んだもの（チェースという）を印刷するのは、バードデザインの歴史をともに刻んでいる〝半自動機〟だ。ハイデルベルグ機よりずっと小さく（でも130キロはある）、いかにも昔ながらの活版印刷機といった様子が愛らしい。こういうのをノスタルジーというのだろうが、私の名刺がこの機械で毎々刷られていたのだ。感極まっても仕方あるまい。

「せっかくですから、ご自分でやってみませんか?」

そんな畏れ多い！と遠慮したものの、半自動機の前に立ち、市倉さんに教わりながら動かしてみる。かなり難しい。手順が覚束なければリズムも悪い。「けっこう上手にできるかも」という予想は簡単に裏切られ、あっさり諦めた。それにしても市倉さん、この姿勢はかなり辛いですね。

「ですね（笑）。きれいにするには息を止めて作業することも多々あります。自分が立つ場所にゴム製のマットを敷いているんですが、一年でダメになっちゃうんです。体重がかかるからそこだけ削れてしまうというか」

肉体的な負担も含めて、仕事だから楽しいことばかりではない。だが、市倉さんからはいかにきれいな印刷ができるか、いかに相手が喜んでくれるか、それを思って仕事をしているということがみなぎっている。

「技術的なことが備わってこそですが、やはり『きれいな印刷をしよう』と思う気持ちがないとできない。心技体でいうところの『心』が大切で。もちろん、心があっても技術とカラダがないとダメだとは思いますけれど」

印刷機と版、そして心──その三つがあってこそ、市倉さんの印刷は理想に近づいた。そう書くと容易そうだが、もちろん一朝一夕ではなかった。

日々の生活のことなら、「なにか違う、よし改善しよう」となればすぐにトライできるし、うまくいかなければさらに違うアプローチができる。

が、印刷の場合は設備投資という大きな問題が立ちはだかる。日用品の買い換えとは異なり、金額も桁違いに高ければスパンも長い。

「忍耐力が必要です。新しいものを導入したとしても、そのよしあしは年単位で検証しないといけません。印刷は物理的な世界ですから、冬と梅雨、真夏といった季節や気温の違いをすべて検証するんです。変えたからといっても結果が出るまでに時間がかかる。なにかのきっかけでうまくいくこともありますし。なのに、その理由がわからなかったりするんです。ある日、突然、自転車が乗れるようになったみたいな」

それはきっと、経験が蓄積されて、そこになんらかの偶然が寄与するのだと思う。しかも、師匠はおらず、すべて独学でやってきた。

「あえて言うのなら『師匠はほかの印刷物』です。よく見て観察して、自分の印刷に生かす。とくに海外の製品が参考になりました。いいと思う印刷物の秘密を探るべく、それほど英語が得意ではないのに、海外の、活版印刷に関するウェブサイトをくまなく読み漁りもしました」

正解があるようで、また正解に近づいているようでいて、また一歩ふみとどまっては、理想とする〝きれいな印刷〟のため日々研究を続けている。〝きれいな印刷〟には答えがないし、教科書というものも存在しないのかもしれない。

「システムエンジニアの仕事にも答えのないことがたくさんありました。あるシステムを構築したくても時代的に事例がありません。それをなんとかするというのが仕事でした。考察をしながらつくる、トライ&エラーを繰り返しながら近づいていくという。印刷もそれに似ていると思います。というよりも、私のもともとの性格なんでしょうね。答えを自分で出したいという（笑）」

自分たちの翼でさらに羽ばたく

淑子さんと一緒にはじめた「バードデザインレタープレス」。今はお嬢さんが小さいこともあって、市倉さんがひとりで切り盛りしている。市倉さんの技術やスピリットを誰かに伝えたいですか？と訊くと、「まだわからないです。印刷の技術を教えることはできますが、うーん、ちょっとおこがましいですよね」と、謙虚で実直な答えが返ってきた。

「技術を追究していますが、でもまだまだなんです。樹脂凸版で満足は得られていますが、活字への想いも捨てられない。なぜ活字が好きなのかを考えると、活字って活字そのもの、文字のデザインがいいんです。デジタルフォントと活字の成り立ちの違いになってしまいますが、その違いが印刷にも関わってきます。活字には手書きのよさが残っていると思いますし、この小さなスペースのなか、一文字一文字が活版印刷のためにデザインされていて。だから全体がふぞろいでもあるんですが。でも、やはりそれが押して印刷するという活版印刷に適している、文字のデザインなのだと思います」

樹脂凸版のよさを理解し享受しているからこそ、活字への愛情も強くなる。

「活版印刷に合うのは、活字本来のデザイン、書体なんでしょうね」とつぶやく市倉さんは、活字の書体とデジタルフォントとの差を縮めるべく、新たな取り組みにチャレンジするという。

ところで、「バードデザインレタープレス」という

14

市倉郁倫

東京・あきる野市生まれ
1973年

バードデザインレタープレス

東京都あきる野市五日市190 なごみの森ビル2F
Tel：042-588-5370
営業時間：10〜17時
定休日：土曜・日曜・祝日

birddesignletterpress.com

名前の響きも素敵だ。由来は淑子さんが描いたイラストにある。独立前、淑子さんとふたり旅行をした。この旅を終えたら新しいスタートがはじまる――そんな気持ちで旅をしていたとき、

「妻が鳥の絵を描いてくれたんです。その絵がとても希望に満ちあふれていて。この鳥をモチーフに、そして名前にしました」

独立するにあたり、自分たちの翼でちゃんと飛んでいく、という願いも込めた。活版印刷、デザインだけでなく、活版印刷の魅力を伝えるワークショップも盛んで、日本以外にもファンを増やしている。

この秋、市倉さんは、武蔵五日市駅により近く広い場所にスタジを移転させた。市倉さんと淑子さんは、新しい空へとまた羽ばたいた。

日本茶農園

カネ十農園

渡辺知泰

15

Tomoyasu Watanabe

日本茶レボリューション!?

去年の春だった。ある月刊誌の編集長から「今、日本茶がキテるんだって。取材しない?」と言われた。〝日本茶がキテる〟とは? 一瞬、なんのことかわからなかった。けれども、「コーヒーのサードウェーブを極めた子たちが、日本茶を知って、コーヒーと同じように捉えているそうだよ」と聞き、合点がいった。

コーヒーのサードウェーブとは、コーヒーの産地やトレーサビリティを重視し、豆の味を最大限に生かす淹れ方を追求、一杯ずつ丁寧に淹れるハンドドリップを追求するなど、コーヒー本来の価値を重視すること。産地、品質、来歴、作法を特化し、ここにハマった人たちが、「急須で煎れる日本茶」に着目したのだ。急須で煎れる＝ハンドドリップ、豆に凝る＝茶葉を吟味……と近しく、日本茶ブームが起きたのだろう。

急須でお茶を煎れることが当たり前の世代にしてみると、なぜ、それがブームに?となるが、ペットボトルの日本茶が誕生して今年で29年。缶入りに至ってはもう35年も経っている。当然、「生まれたときから、日本茶は自分で煎れるのではなく買うもの」という人たちばかりでも不思議ではない。だからこそ、「湯を沸かし、ゆったりとした気持ちで日本茶を煎れ、憩いながら飲む」という時間が新鮮に映るのだろう。

さらには、日本茶にもシングルオリジン（単一農園の茶）があることも、このブームを後押ししている要因だ。日本茶というのは不思議なもので、宇治茶や狭山茶といった銘柄であっても、それらは一カ所の農園の、一種類の品種でできているとは限らない。

意外かもしれないが、煎茶にするための茶葉の多くはブレンド（合組《ごうぐみ》という）である。たいていは〝やぶきた〟というスタンダードな味わいの品種を75パーセント、残りの25パーセントに、ほかのさまざまな品種をブレンドして風味を変えている。こう記すと、なんともマイナスなイメージに思えるが、「つねに一定の味わいの茶葉をつくり、いつでも同じようにおいしく飲むため」の、昔からずっと続く工夫なのである。

けれども、ウイスキーでのシングルモルト、コーヒーでのシングルオリジンのように、ひとつの製造所、ひとつの品種であることに慣れた身にすると、日本茶でも産地や品種など茶葉を吟味し、しかも道具に凝りたくなる。それができる今ならば、そうした嗜好の人たちが、日本茶に流れるのは自然なことかもしれない。

その潮流を探るべく、冒頭の月刊誌で20ページほどの特集をつくった。日本茶専門のカフェ的なショップにはじまり、日本茶三味の旅館、道具や茶器、おいしい煎れ方、茶葉解説、歴史、日本茶農園ルポという、自分で言うのもなんだが、ギュギュッと凝縮、てんこ盛りの特集だった。

これをきっかけに、静岡・牧之原の老舗茶農園「カネ十農園」の園主、渡辺《わたなべ》知泰《ともやす》さんに出会った。茶を栽培する農家さんはたくさんあるが、自社のブランドがあり、直営のカフェをオープンさせるという農家さんはレアな存在だ。しかも、カフェには日本初にして世界唯一のティーバーテンダーを擁するとあって、大いに興味をそそられ、畑と工場、そしてオープン直前のカフェ「カネ十表参道」を取材させてもらったのだ。

知泰さんは、いわゆる日本茶農園、製茶業の範疇を逸脱した業務をしていた。また、〝くだん〟のティーバーテンダーの松本貴志さんの発想にも驚かされ、この特集後も取材をする機会をつくり、本書にもご登場いただいた。

ある日、興奮した様子の知泰さんから電話があった。

「三日三晩、三時間ごとにチェックしているんですが、すごいことになっているんです！　はい、ちょうどジャスミン茶をつくっていて。国産のジャスミン茶ってほぼ存在しないんです。なので、うちの緑茶にジャスミンの生花で香り付けしてたんです。ほら、ベルガモットで香り付けした『カネ十・ベルガモット』のように。去年ぐらいから、静岡、ないしは近隣でジャスミンを育ててくれる方を探していたんですが、ようやく見つかったんです。牧之原近くのガーベラ農家さんなんですが、この方がすばらしくって。そのジャスミンを積んで、うちの工場に戻ってきたんですが、車がジャスミンの香りで包まれているんです。あ〜、幸せだなって。頭から神さまが囁いてきて！」

電話だけれども、知泰さんの恍惚とした、でも疲れがピークに達している様子が手に取るようにわかった。そうして、あらためて取材にお邪魔して、このジャスミンについて教えてもらう。

「十日間つきっきりで作業しても、製品になるのはたったの1キロなんです。これだと、現実的な商売は難しいですね。でも、できる範囲でチャレンジするつもりですので」

こうやって情熱を注ぐ知泰さんの姿は、まるで、この地、牧之原を開墾し、お茶どころにするきっかけとなった、徳川慶喜の旧幕臣たちと重なるようだ。

日本茶の歴史

〝茶〟の発祥は、紀元前2700年の中国にさかのぼる。日本に伝わったのは、奈良時代説と平安時代初期説があるが、歴史学的には平安時代が有力だ。その理由は、最澄、空海、永忠といった遣唐使の僧が帰国した際（805年ごろ）、最澄が「茶の種」を持ち帰り、比叡山のふもとに植えて栽培したと『日吉神社神道秘密記』に記されていること。また『日本後紀』には、「嵯峨天皇が永忠から茶のもてなしを受けた」とあるからだ。

鎌倉時代初期には、臨済宗の祖・栄西が『喫茶養生記』で茶の種類や製法、薬効などを紹介し、また栽培もはじめている。室町時代中期になると、茶道（わび茶）の創始者といわれる村田珠光《じゅこう》、戦国時代～安土桃山時代になると、茶道の洗練者といわれる武野紹鷗《たけのじょうおう》、茶聖といわれる千利休らが登場した。

急須が登場するのは、江戸時代初期のこと。中国から隠元隆琦禅師が渡来し、手間をかけずに急須で茶を煎れる「淹茶法《えんちゃほう》」がもたらされた。江戸時代中期には、京都・宇治の茶業家、永谷宗円が「青製煎茶製法」を考案し、これが現代の日本茶（煎茶）の基礎となる。

茶が伝来して約１２００年。現在、日本茶の三大産地といえば静岡県、鹿児島県、三重県であり、カネ十農園のある静岡・牧之原台地は、総面積６０００ヘクタールのうち、大部分が茶畑という全国の茶園面積の約12パーセントを占める、まさに日本一の茶どころだ。気候が温暖で日照時間も長く、水はけのいい土壌など、茶葉の栽培に適した条件を持ち、肉厚で優良な茶葉が育つという。だが、茶葉栽培の歴史は意外にも新しく、はじまりは明治時代初期のこと。そのきっかけは徳川慶喜にあった。

十五代将軍・慶喜が大政奉還によって、駿府に隠居すると、多くの家臣もともに移り住み、慶喜の護衛をすることに。つまり、もう武士にあらず。いわば職を失い、途方に暮れていたが、生きるための仕事を見つけなければならない。そこで、家臣の隊長であった中《ちゅう》條金之助景昭《じょうきんのすけかげあき》は、勝海舟のアドバイスもあり、幕府直領として放置されていた広大な牧之原の開拓に従事することにしたのだ。

だが、当時の牧之原は不毛地帯以外のなにものでもなく、水を引くことすら困難だったそう。なにか作物をと思案した結果、茶畑の開墾を決断した。中條らは苦難の連続の末、見事に茶園の基礎を築いたのだった。明治10年代後半になると、茶農家が増え、現在の静岡牧之原茶ブランドの礎が築かれたのだ。

そんな旧幕臣たちの苦労のもと、茶栽培が発展した場所で、明治21年（１８８８）、カネ十農園は創業した。知泰さんは、ここの五代目園主である。実家の跡を継いだのかと思いきや、なんとお婿さん！　大学時代から交際していた、妻・早弥香さんの父上、そして亡くなったおじいさんに製茶の技術を教わり、研鑽を積んできた。婿に入って14年ということは、つまり、お茶に携わるようになって14年だ。数年前から、知泰さんは、これまでのカネ十農園にはなかった新たな展開に果敢にチャレンジし続けている。

製茶業が儲かっていた時代

一般に、日本茶業界は、一次産業としての茶農家、二次産業としての製茶工場、三次産業として茶商（製茶問屋）があるなか、現在のカネ十農園は、生茶葉の栽培から茶づくり、販売までを一貫して行っている。義父の代までは、オリジナルブランドや、直営のカフェといった展開はほとんどなかった。

「かつてはいいものをつくれば売れるし、いい値段が勝手についていたんです」と知泰さん。ここで〝売る〟というのは、われわれ消費者に、ではない。茶商に、である。かつての渡辺家は、〝お茶を揉む〟ことに専念した製茶業だった。

「おじいさんの時代、一番茶の高級茶が売れに売れていました。それこそ、ひと晩揉めば、今とは比べものにならないほどの金額になったとか。うちだけじゃありません。とにかく製茶業の人たちが儲かっていて。一番茶だけで、茶農家も製茶工場も一年生活できたと聞いています」

おじいさんの時代は、「田中角栄のころ」というから、昭和40年代後半から50年代のことだろう。実際、昭和35年（１９６０）以降の高度経済成長にともなう需要と、ユーザーの上質茶志向に支えられて、緑茶の年間消費量は増加し続けた。

ピークとなったのが昭和50年（１９７５）のこと。昭和35年にひとり当たりの年間消費量が７５２グラムに対し、昭和50年には９５５グラムだったという。全国茶生産団体連合会・全国茶主産府県農協連連絡協議会の資料によると、平成29年（２０１７）のひとり当たりの年間消費量は６４１グラムというから、その差は歴然だ。でも、40数年という歳月で半数も減っていないのなら、それほど悪い数字ではないと思うのだが……。

「お茶のビジネスモデルが変わりました。いえ、崩壊したと思います。昔は、どこの商店街にもお茶の専門店がありましたけれど、今は見かけないですよね？」

そういえばそうだ。後継者問題や商売上のあれこれで、そのまま店を辞めてしまうか、コンビニなど業態を変えたところも多々あるだろう。なにより、商店街そのものもずいぶんと様変わりしている。個人商店がめっきり減り、どこもかしこもチェーン店ばかりだ。

「そうなんです。じゃあ、どこでお茶を買うの？となると、スーパーだったり通販であったり。でも、そこには、おそらくお茶の専門家がいません。だから、お客さんのさまざまなニーズに応えられるかどうか。それに、売れ筋のお茶ばかりになって、多様な商品がそろうことも少ないと思うんです」

そうなると、つくり手側も、誰に飲んでもらっているのかがさっぱりわからない。

「顔が見える商売に切り替えないとマズイと思ったんです。うちに限らず、茶農家、製茶業には、お茶をつくるプロはたくさんいるけれど、お茶を〝売る〟プロがいなかった」

そこで、より〝血の通った売り方〟をしたいと、五年前にこれまでアプローチしていなかった方法に打って出たのだった。まずは、知泰さん自身が畑や工場に出ずっぱりになるシステムを変えた。そのために現在も農場長を勤める、同世代の原田真吾さんをパートナーに迎えた。原田さんは茶農家に生まれ、農業を学んだ、根っからの茶栽培好きの達人だ。

「信頼して任せられる人ができて。ようやく〝売るプロ〟になる覚悟ができました」という知泰さんは、まずは、全国の百貨店をまわり、「試飲販売」をスタートさせたのだった。

八歳離れた実兄のひと言

有名百貨店との取引は、どのジャンルも非常に厳しいと聞いている。出店できるか否かのジャッジも厳しく、売り上げの歩合もキツい。だが、自社ブランドを立ち上げ、広めるにはもってこいの場である。しかしなんのツテもなく営業するには、かなりの難関だ。

「百貨店に出たいと考えていたころ、ちょうど東京に出張していまして。仕事が終わり、牧之原に帰るというときに、うちの兄貴が『今日帰るのか？　明日、俺についてくるか？』と尋ねてきたんです。さらには、『目標を見つけるには、俺と一緒に来い』ってね」

実の兄である福田隆宏さんは、家業を継いでいた。知泰さんの実家は、新潟・三条市の箸やテーブルウエ

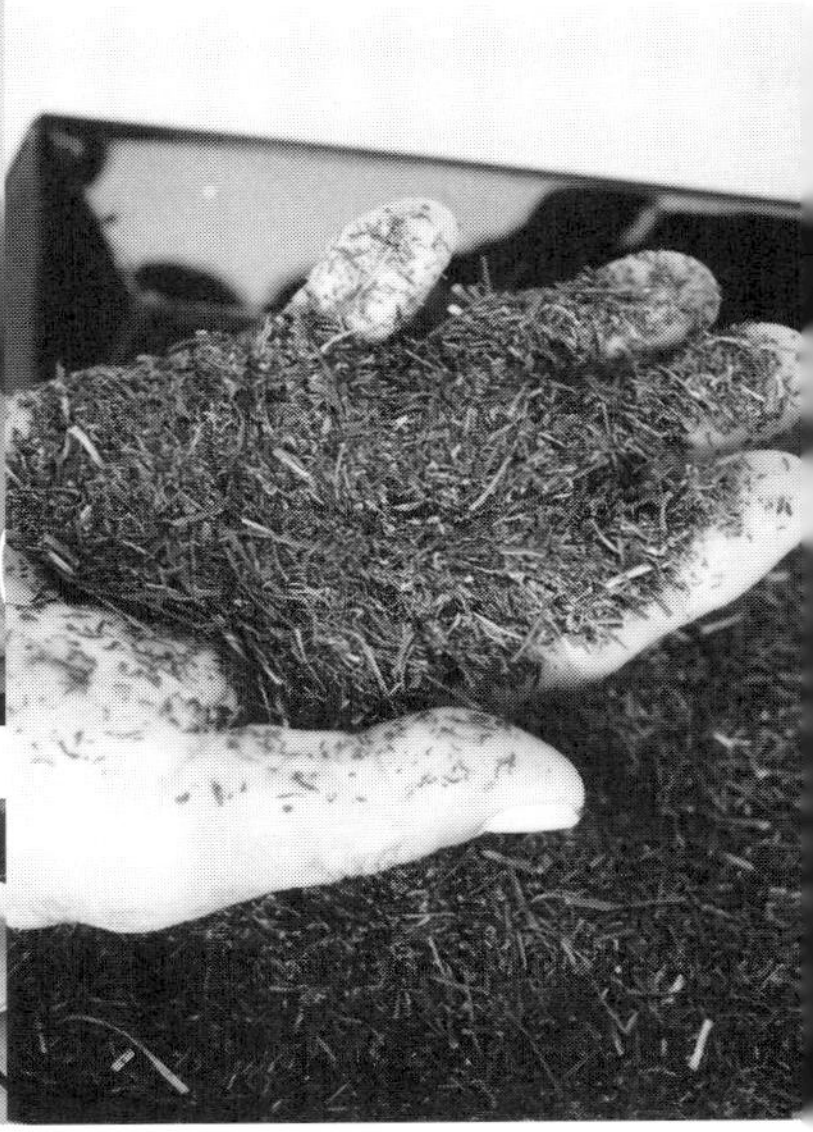

茶葉づくりから製茶、販売まですべてを一環して行うカネ十農園。右ページで茶を煎れるのがティーバーテンダーの松本さん、左ページ上で座っているのが農場長の原田さん。左下は、製茶工場で義父と並ぶ知泰さんだ。

アメーカーの「マルナオ」だ。

　明治40年（1907）生まれの祖父・福田直悦さんが仏壇彫刻師として独立し、大工道具など主とした木工業として、昭和14年（1939）に創業したことに端を発する。隆宏さんは三代目社長である。19年前にマルナオに入ってから、祖父と父がつくってきた専門的な大工道具だけでなく、幅広い層に使われるプロダクトをつくることを目指した。そこで、大工道具に使われる材である黒檀や紫檀など銘木を使った箸やカトラリーをつくりはじめたのだった。

　今はカップや器、ステーショナリーもラインナップし、この8月には、県外初の直営ショップとして東京・青山に、さらには10月にはフランス・パリに出店した。イブ・サンローランとコラボレートした箸と箸ケースも誕生したばかりだ。

　内外からの注目度が高まっているマルナオだが、五年前の当時すでに、全国各地の百貨店へ卸していた。その百貨店詣でに、兄は弟を連れて行ったのである。特別な考えがないわけがない。当然、事業の先輩として、弟を心配し後押しするために「明日、俺と一緒に来い」と言ったのだった。


　兄の助け舟もあって、この日、知泰さんは「百貨店での試飲販売」への第一歩を進めることができた。

「兄が、実家をどんどん発展させていて。また、燕三条の先輩たちも、『ブランディングなしには、物づくりの価値が高まらない』と考えている人が多く、そこに刺激を受けました。渡辺のおじいさんも、生前、『知泰、お前のときは売るのが大変になる』と言っており、販売ルートを確立すること、カネ十農園の確固たる立ち位置を決めなくては、とずっと考えていました」

　そのためには、「カネ十農園」としてのブランドコンセプトをかためること。そして、自社プロダクトを開発し、商品ラインナップの充実をはかること。そこには新たなパッケージデザインなどトータルでの改革が必要で、それらをじっくりと考え、徐々に販路を広げたのである。また、単なる茶葉販売だけではない取り組みが注目を集めるようになる。

　そのひとつが、一昨年（2017）の、家電メーカー・シャープの「テキオンラボ」とのコラボである。テキオンラボとは、シャープの社内ベンチャーで、〝適温〟の価値を提案するプロジェクトだ。

　これは、シャープが液晶材料の研究で培った独自開発の蓄冷材料（マイナス24℃～プラス28℃までの温度領域で、特定の温度に蓄冷できるもの）を用いた「保冷バッグ」を使い、カネ十農園の煎茶を適温（マイナス2℃）にキープし続けるというもの。氷点下で煎茶を抽出すると、旨みが最大限に引き出せるという特性を生かしたプロジェクトは成功。さらにおいしく味わうために、ジンを使ったカクテル「煎茶ＧＩＮ」も提案され、家電好きの間で話題となった。

蔦屋書店とのタッグも記憶に新しい。〝本を読むときのお茶〟をテーマにして新たな日本茶を開発。寝る前にリラックスして読書するための「焙じ茶」はカフェインを少なめに。集中して読書したいとき用の「深蒸し煎茶」はカフェインを多めに。さらには、休日の午後の読書用として、緑茶に乾燥ぶどうのチップをブレンドした「白ぶどう茶」などがリリースされ、現在も継続。新たなフレーバーも誕生している。

「静岡は〝お茶のシリコンバレー〟なんです。お茶にまつわるいろんな人たちが集まってくる。テキオンラボも、本を読むときのお茶も、ティーバーテンダーの松本が大きく関わってくれました」

「松本」とは、冒頭で〝日本初のティーバーテンダー〟と記した松本貴志さんのこと。松本さんの前職は、代官山蔦屋書店のカフェ「Anjin」のバーテンダーだ。ソムリエの資格を取ろうと勉強するうちに、農業や農薬のことを知り、土のことが気になり出して、庭師を目指すようになったという。修業先を探していたころ、知泰さんと知り合った松本さんは、「土をさわる仕事をしたいんですよね」と話したところ、「じゃ、うちに来ればさわれるよ」と口説かれ、カネ十農園に入ったのだった。茶栽培は未経験の松本さんだったが、はじめてのお茶摘み～製茶の工場の仕事（工程）にすっかり魅了されたという。

知泰さんにしてみれば、「新しい日本茶のスタイルを模索しており、さまざまなカクテルをつくり生み出すバーテンダーを探していた」から、松本さんの存在は渡りに舟だった。

土いじりをしたい松本さんだったが、バーテンダーとしての話術や豊富な知識をいかし、試飲やデモンストレーションのスタッフとして、また〝ティーバーテンダー〟として、各地を飛びまわることに。先のシャープ「テキオンラボ」も、古巣・蔦屋書店とのコラボも重要な任務をまっとうしたのだった。

そして、昨年の6月にオープンした「カネ十農園表参道」を切り盛りし、現在に至る。茶を生かしたオリジナルメニューや、季節ごとのニューフェイスが登場し注目度も高い。いわゆる日本茶カフェとは異なる、独自の路線は、体験型ないしは実験型ショップといったふうだ。

牧之原から世界へ

斬新な試みが目を引くが、知泰さんは、決して伝統を軽んじていない。代々積み重ねられてきた製茶の技術を大切に、日本茶の可能性を広げている。その証拠に、自社ブランドの売り上げも目標を達するようになった。

現在のラインナップは全8種。はじめていただいたときも、また先日飲んだときも、いつだって「さわやかでコクがあるお茶」だと感心している。おいしい茶葉に欠かせない条件を、農場長の原田さんに訊くと、

「土づくりが味の決め手です。そこに生産者の個性が加わります。また、海のもの、山のものをバランスよく与えると、たとえば、かつお節や落花生などなるべく自然に近いものを与えると、モチっとしたいい茶葉に育ちます」

摘み立ての茶葉は、一刻も早く製茶工程へと進む。製茶は、知泰さんが義父とともに切り盛りしている。牧之原発祥の伝統的な製茶法のほかに、独自に開発した製茶法もあるが、蒸された茶葉の乾き具合を確認しながら、次から次へとスピーディに行う。経験とその日の環境に応じて、その都度、機械を調整しながら、ヒトの手を介しておいしい茶葉が生まれるのだ。知泰さん曰く、

「うちは、〝オーパス・ワン〟を目指しているんです」

オーパス・ワンとは、アメリカ最大のワイン生産地、カリフォルニアはナパ・バレーでつくられる最高峰のワインのことだ。品質のよさはもちろんのこと、唯一無二の存在感を持つワインなのである。

「収穫した茶葉を、その日のうちに加工することって、ワインに似ていると思いませんか?」

そう語る知泰さんは、以前、ワインメーカーに勤めていた。ナパ・バレーにしろ、フランスのボルドーにしろ、ワインづくりにはテロワールがつきものだ。つまり、自然環境を含めどんな農園（土地）でつくられ

たかということ。当然、日本茶もしかりと考えている。だが、まだ、その訴求ができていないと嘆く。

「おしゃれな農園を目指してはいません。うちに来て、この農園で日本茶を体験してほしいんです。たくさんの人たち、できれば世界中から、わざわざ、この牧之原に来ていただいて、この風景を眺めながら、日本茶を味わってほしいんです。そのためには観光資源を強化するというか、牧之原の日本茶をもっと世の人たちに伝えたい。オーベルジュのように、宿泊できるレストランがあればいいかなと考えています」

茶摘みや、苗木を植えるという農作業体験をして、美しい風景を眺めて、一杯の日本茶をいただく。

カネ十農園のブランドコンセプトである【牧之原の茶農園で、芳醇な一時を。】を現地で実感できる日は、そう遠くない。

15

渡辺知泰

1981年
新潟・三条市生まれ

カネ十農園

静岡県牧之原市須々木469-1
Tel:0548-52-0386

カネ十農園 表参道

東京都渋谷区神宮前4-1-22
Tel：03-6812-9637
営業時間：11～19時　定休日：月曜

kaneju-farm.co.jp

光峯床山

谷川兼太郎

16

Kentaro Tanikawa

歌舞伎の〝髪〟は分業制

何事も一人前になるには修業が欠かせないが、ことに伝統芸能に関わる仕事は、さらに厳しそうである。上下関係はもとより、なによりしきたりがあれこれあって大変そう。それに、そもそもどうやってなるの？

求人はある？　世襲制？　縁故採用？　資格は？　というように舞台を支える裏方さんへの疑問はつきない。

歌舞伎を例にあげると、大道具に小道具、衣装に照明、音響、楽屋全般を仕切る頭取、演出や進行に関わる狂言作者と裏方仕事はさまざまで、当然、〝髪〟に関する裏方もある。

「ヘアメイクでしょ？」と安易にあらず。歌舞伎の世界では、化粧は役者自身が行う。髪に関しては、今の時代、当然地毛ではなく〝かつら〟である。

となれば「かつら屋さん？」となるが、それだけでは成り立たない。歌舞伎の〝かつら〟は、われわれが思い描くそれとはかなり違う。

さまざまな髪型をした既存のかつらがたくさんあって、役柄に応じて選ぶ？　いえいえ。歌舞伎のかつらは基本、ストレートヘア（ざんばら）で、演目ごとに適した髪型に結い上げているのだ。しかも分業制で。

どう分かれるかというと、土台（地金）に髪を植え込み〝かつら〟をつくる「かつら屋さん」と、そのかつらを、役に合わせて結い上げて（ヘアセット）、公演中、役者さんの頭にかけたり外したり、手入れ・保管を行う「床山さん」となる。

つまり、役者の髪型は、舞台がはじまる前は「かつら屋さん」で、稽古がはじまり舞台が終わるまでは「床山さん」が受け持つということ。

辞書によると「床山」とは〈①俳優の髪を結ったり、かつらを整えたりする人。また、その部屋。②力士の髪を結ったり、整えたりする人〉とある。そう、大相撲だ。歌舞伎よりも大相撲のほうが、床山のイメージが強いかもしれない。が、あちらは自毛を髷にするが、歌舞伎は〝かつら〟を結い上げるのである。

現場は1分以内の早技

「歌舞伎では〝かつら〟とは言わず、〝あたま〟と呼びます。〝かぶせる〟とも言いません、〝あたまをかける〟と〝あたまを外す〟。役者さんの身体の一部として大切にしているんです」と教えてくれるのが、床山になって12年の谷川兼太郎《たにかわけんたろう》さんだ。

谷川さんが勤めるのは、東京・東銀座にある歌舞伎座のすぐ近く、女方専門の「光峯床山《みつみねとこやま》」だ。伝統芸能に携わる仕事というと、家というか流派があり、それぞれ弟子がいて、というイメージがあるが、床山に限らず、歌舞伎に関わる小道具、大道具、衣装、音響など、みな会社組織になっている。

この日はオフィスにお邪魔したが、公演中は劇場に出ずっぱりになるという。

「各劇場に床山部屋があって、だいたいそこに常駐しています。演目によっても異なりますが、忙しいときは長時間、劇場につめていることも」

歌舞伎の公演期間は月に25日間で昼の部、夜の部と演目が異なる。となれば、髪型は何パターンにもわたる。床山の仕事は基本、役者さんごとの専任制だ。女方が少ない演目もあれば、たくさん登場するときもあり、「担当する枚数は三枚のときもあれば、三十枚のときも。〝あたま〟は枚で数えるんです。女方が多い演目では百枚のときもあるように枚数はまちまち」。

役柄によって髪型が変わり、しかも毎月興行しているから、毎々、新しい〝あたま〟が必要となる。翌月分の〝あたま〟は前の月の公演中につくるという。

スケジュール感としてはこうだ。25日の公演期間の後半＝20日あたりに、かつら屋さんと役者さん、床山さんとの間で〝かつら合わせ〟が行われる。

でき上がったかつらが床山さんのオフィス、ないしはその月、働いている劇場に届くと、一週間程度で結い上げる。そして、上演期間中、芝居ごとに各々調整し〝あたまをかけたり、外したり〟して、手入れ・保管もするのだ。

ちなみに現在、歌舞伎役者は約３００人いるという。30ほどの家（一門）に分かれ、家柄と役者には格付けがあり、これは絶対的なもの。主役級を演じることができるのは格上の役者で、

「主役級の人たちには、ひとりひとり床山がつきます。それ以外の役者さんには専属ではなく手分けして」

公演当日は、役者がひとりで化粧をし、複数人が手伝って衣装を着る。支度の最後に〝あたま〟となるが、その時間がじつに短い。

「たいてい20秒ぐらいですね。遅くとも1分以内には〝あたま〟をかけて相引きを結んで。左右を確認したら『失礼します』と言って戻ります」

では役者さんとのコミュニケーションはほぼなし？

「いや、そうではなくて。プライベートでも仲良くしている役者さんもいますし。ですが、あくまで仕事なので公私混同しないように、そういう空気はなるべく出さないようにしています。馴れ合うのではなくて、きちんと仕事の話ができないとダメですね」

好きでいられるかどうか

現在、37歳の谷川さん。会社に16名いる床山のうち、自身のポジションを「中の下」と称する。床山への道は、父親がきっかけだった。

谷川さんのお父さまは前進座の床山だ。前進座とは、歌舞伎と深い関係のある劇団で、歌舞伎、時代劇、現代劇、児童劇とさまざまな演目を行っている。

「小さいときから仕事場には連れられていましたが、床山をやりたいなんて、まったく考えもしなかった。だって休みもないですし、半年から8カ月ぐらいは巡業で家にも帰ってこないので。子どものとき、父のことを『どこかのおじさん』と思っていたほど」

どちらかといえば、親子仲がよくなかったと言う。谷川さんが床山になるまでは、あまり口も聞かなかったそうだ。父と同じ職業に進んだが、〝働く父の背中を見て、同じ職に就こうと決めた〟ってことじゃない。

「演劇界にも歌舞伎界にもとくに興味はなく、大学を卒業して映画の学校に通いました。キャメラマンになりたかったんです」

映画に夢中になり、真剣に取り組んでいた。だが、この世界の門戸もそうそう開かれてはいない。

「映画学校を出たものの、就職がうまくいかなくて。『食べていけそうにもないなぁ』と思っていたら、父から『床山になる気があるなら紹介してやるぞ』と言われて、ここに入りました」

光峯床山は、お父さまの師匠筋に当たるという。そのとき谷川さんは25歳。床山としてはちょっと遅いスタートだ。たいていは高卒で入社、中途採用でも理美容経験者が多い。すすめられるがまま、「なんとなく」入ってしまったが、映画界への未練はすぐに消え、はじめての歌舞伎にどんどんハマっていった。

「すぐに歌舞伎に惚れました。最初に好きになったのは勘三郎さんの『魚屋宗五郎』で。妹を亡くした場面での悲しさや侘しさにすごく感動したんですよ。あと、踊りも好きになりました。『棒しばり』や『高《たか》坏《つき》』など、お酒を飲んで失敗するのだけれど、なんだかうまく行っちゃうという。そんな展開がたまらなくおもしろくて。どちらの舞踊も、女方は出てこないんですけど(笑)。床山という職場には慣れずとも、歌舞伎という芸能を心底好きになったんです」

仕事ができるできない以前に、歌舞伎を好きでいられるか。そこが「この仕事を続けられるか否かのボーダーラインでしょうね」とも。休みもあまりなく、しょっちゅう怒られて、すぐに手に職がつくでもなし。そうした、特殊な環境で耐えられるかは「好き」でいること、それが大切だ。

そして「好き」になるには、相手をよく知らねばならぬ。積極的に舞台や映像を見た谷川さんは、歌舞伎の魅力を急速に吸収していった。好きが高じて、歌舞伎のあれこれが身に付いたのだ。本人的には「好きなだけ」かもしれないが、客観的に勉強したとなる。好きこそ物の上手なれ、を実践したということだ。

ということで、新人床山の業務について教わろう。

「最初にすることは、雪駄をそろえること。われわれの仕事履きは足袋に雪駄です。床山部屋と楽屋とを行き来するのに雪駄を履いていまして。あ、最近はビーサンの人も多いですけれど」

時間と勝負しながら〝あたま〟を持って動くため、脱ぎ履きの際、いちいちそろえはしない。だから、先輩が出やすいようにそろえること。まずはこれが最初の仕事なのだ。

「楽屋の上がり框ギリギリに、踵をピタッと置くと履きにくいので、ちょっと前にそろえて。右側から出る人の雪駄は右側に、左側の人は左側に。足が不自由な方がいれば、前後を少しズラすなどして、気遣いを覚えるんです」

気遣い！　芸能の仕事にはなにはなくとも気遣いが不可欠だ。そうした下働きをすることで、関わる人たちのこと、役割を覚えるということだ。

「それから、先輩方にお出しするお茶ですね。人によって薄い、濃いの好みがありまして、言われなくても応じられるようにならなきゃいけません。はじめは、お茶の煎れ方ひとつに怒られて……心が折れたものです。あとは掃除。〝毛〟を扱うので、まずはコロコロで大まかに取ってから、掃除機をかけます。昔ながらの袋タイプを使っていましたが、最近、流行りのサイクロン式になりました」

履物・お茶・掃除の三本柱は、おそらくどの伝統芸能の世界でも必須事項だ。一般社会には「誰でもできる、お茶汲みなんてイヤ」という風潮はあるが、この世界ではそんなことは通用しない。

舞台裏はプロフェッショナルが飛び交う真剣勝負。なにもできない未熟な者だからと、右往左往している場合じゃない。これらは新人に与えられた大切な仕事なのだ。

座布団敷くまで、5年!?

新人床山は下働きと同時に、先輩床山と一緒に役者さんのもとへ行き、〝かける&外す〟を学ぶ。

「最初は怖かったですねぇ。〝あたま〟の持ち方を教わっていても『壊しちゃったらどうしよう！』って。だって直し方がわからないんですから」

だからといって、オドオドなんてしていられない。舞台は時間勝負。先述したように、役者さんとの接触時間はわずか1分なのだから。

「櫛で整えるという〝なでつけ〟をするんですが、最初は〝なで壊し〟ちゃうんですよね。で、先輩に怒られながら徐々にできるようになる」

床山に限らず、かつての裏方たちは、教わるなんてことはほぼなく、見て覚えるのが当たり前だった。一人前になるにも相当な時間がかかったという。

「昔は、三年間は休みなしだったそうです。結うのでなく、ひたすら〝クセ直し〟で。クセ直しとはコテを使ってヨレた状態をストレートに戻すこと。先輩方がすぐ結える状態に整えられるまでに三年はかかったとか。そうそう、座布団を敷けるようになるには五年かかったと聞きました」

下っ端に座布団なんてもってのほか。長時間、板張りの床に正座する。しびれるだけじゃなくかなり痛い。谷川さんもそうした経験をしたかと思いきや、

「僕は三カ月ぐらいで結い方を教わりましたし、座布団も最初から使ってました（笑）。今は人も少ないですから。〝見て覚えろ〟だとか〝技術は盗め〟なんて時代じゃありません」

教えてくれるとはいえ、事前の予習は欠かせない。予習とは、その結い方の手順であり、それらについては先輩に訊いて覚えておく。教わる側の最低マナーだ。でも谷川さん、うろ覚えなときがあって、「手順も覚えていないのに教わるなんて10年早い」とこっぴどく叱られたという。

手先が器用なほうではなく、理美容経験もなし。歌舞伎そのものはすぐに好きになったけれども、床山仕事にすぐには馴染めなかったというが、

「馴染めないというか好きになれなかったですねぇ。なにしろナニもできないんですから。結えないから戦力になれない。役者さんからも『この子じゃダメだから替えてくれ』と言われたことも。結えないもどかしさというか。できないから仕方ないんですけれど、最初の5年ほどは辛かった。幸いカラダが丈夫なので、

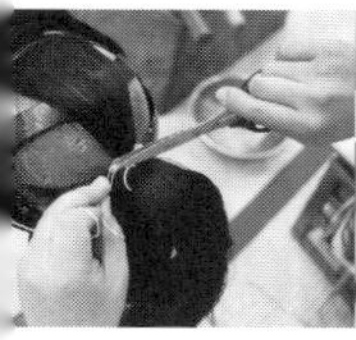
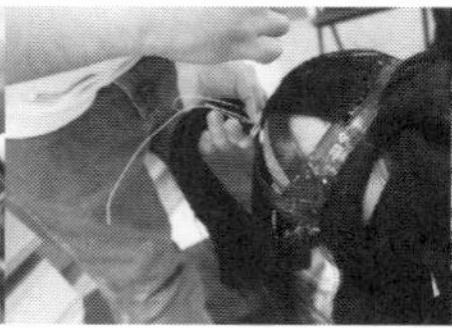
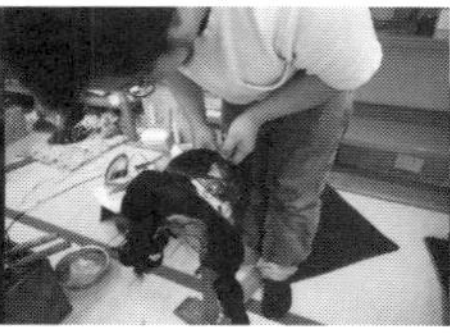
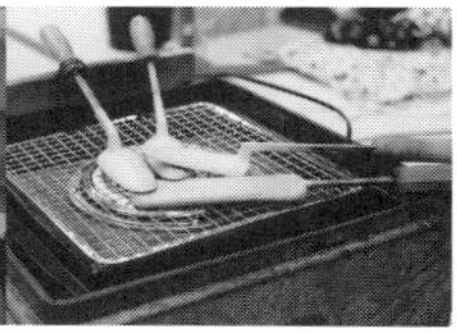

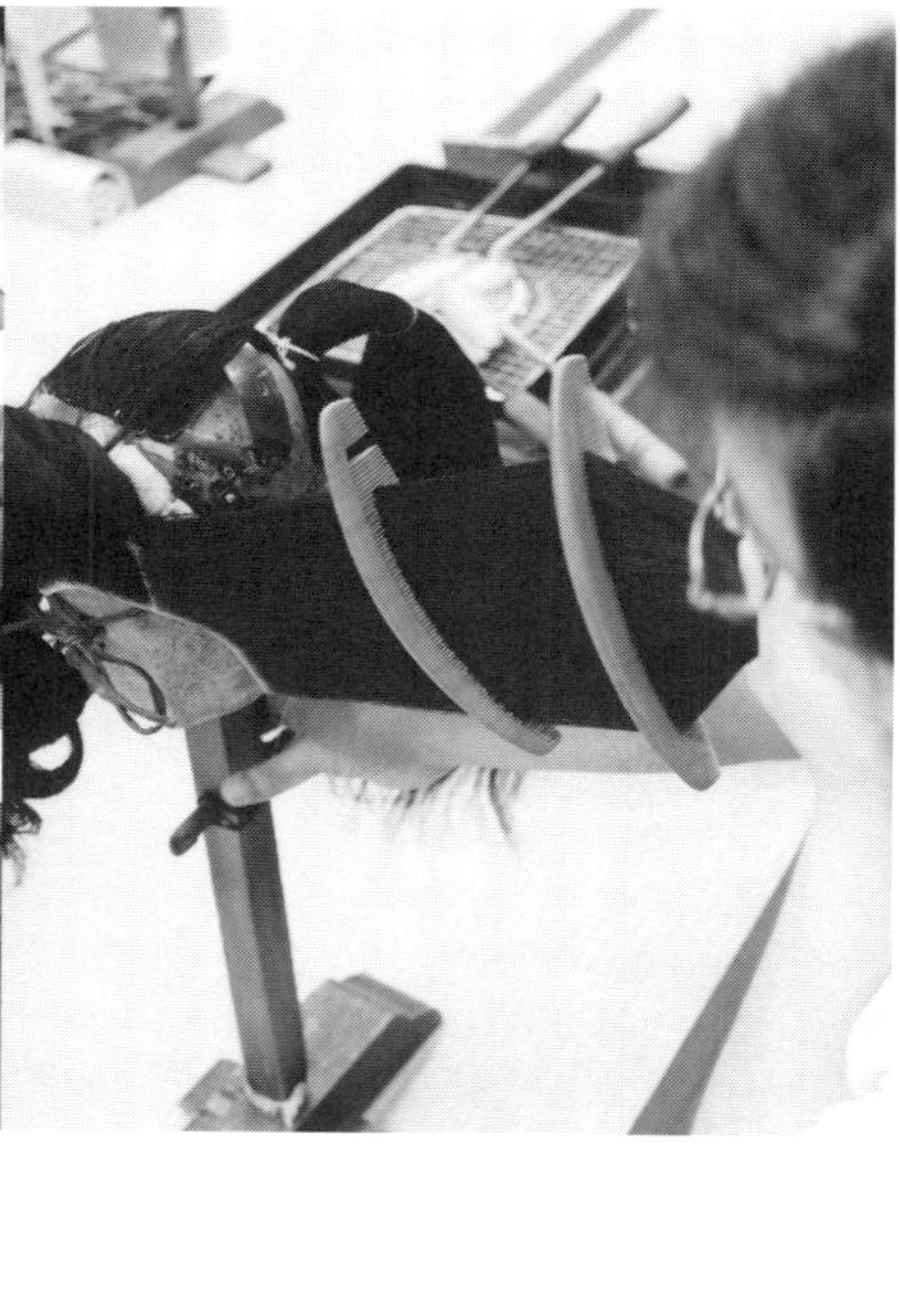
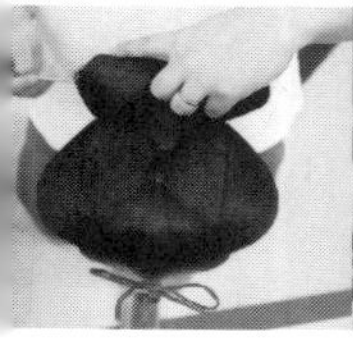
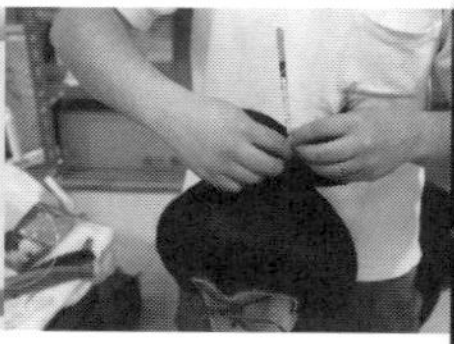

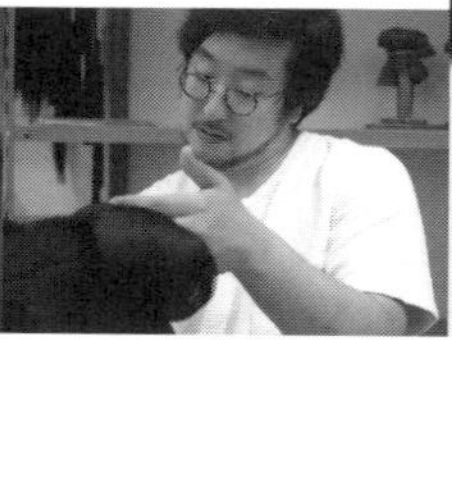

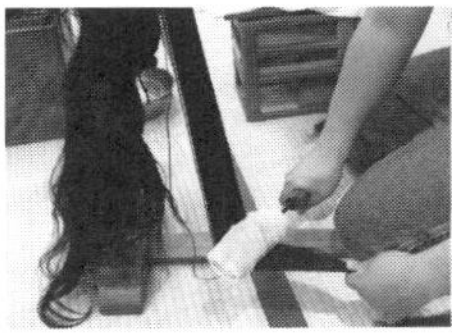
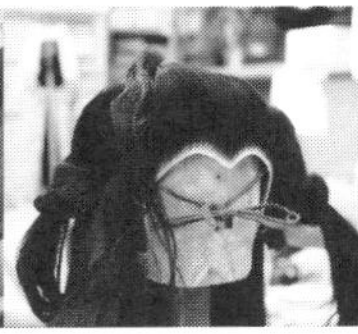

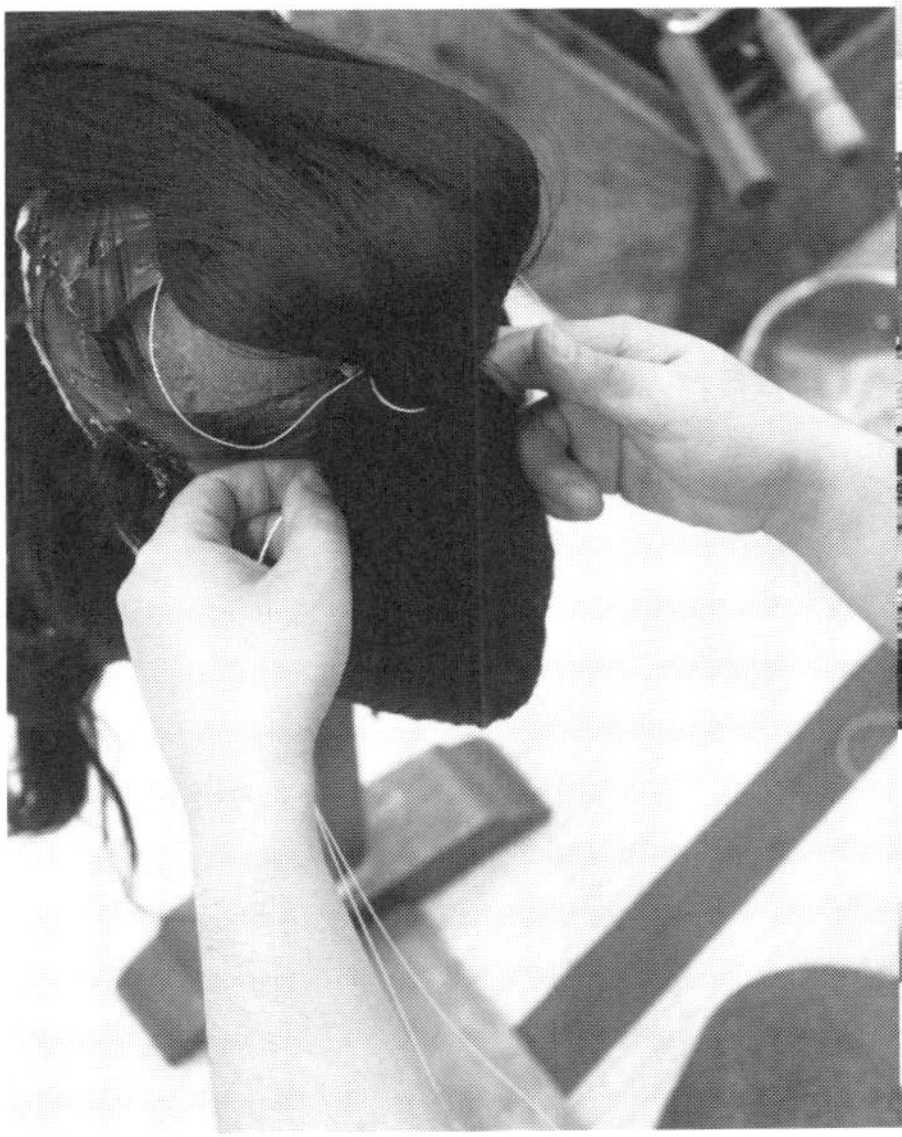
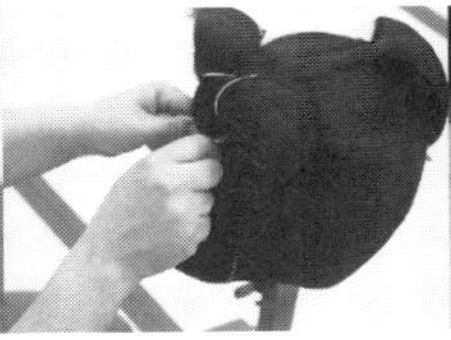
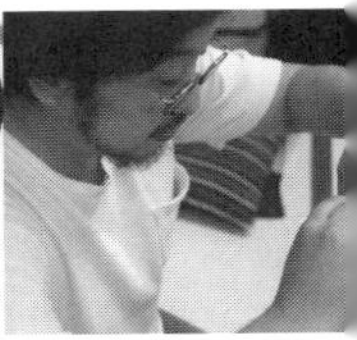

練習用のかつらで、「銀杏返し」を結う。コテで熱されたせいか、ふわっと香る。「椿油ですね。僕はいい匂いだと思いますけれど、苦手な方もいらして。あ、女方だから、ちょっといい匂いにしているのかも」

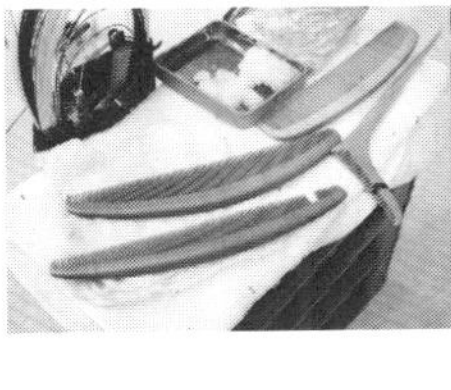
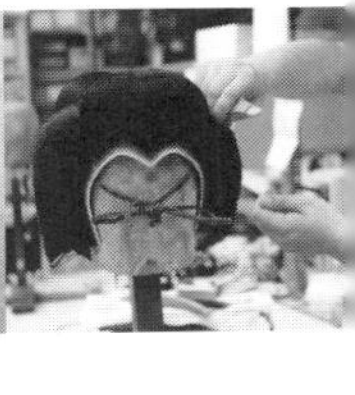

休めないとかはまったく苦ではなく」

　うまくいかず何度も挫折しかけた。できる同期がいただけに、できない自分が歯がゆかったそうだが、

「悩みを先輩に相談したら、『最初の5年は辛抱しろ』って。それに父の紹介で入っていますから辞めにくい。でも、その言葉通りで、5年目ごろから床山という空間に慣れたんです。急にうまくなったワケじゃないんですが。で、5年は超えたから10年やってみようと決めて、今、12年です。あ、その先輩は10年ぐらいで辞めたんですけれどね（笑）」

　ところで、お父さまと仕事の話は？

「床山になるまでは喧嘩ばかりでしたが、なってからはいろいろアドバイスをもらったり。ただ、僕が床山になって一年ほどで脳梗塞を患い、手が使えないのですが、口は達者なので教わっています、酒を飲みながら。父にはお弟子さんもいるので、後進の指導に尽力しています。僕も、もっと技術も教わりたかったな」

　自他ともに認める放蕩息子だったという谷川さん。だから今、床山として精進していることを、お父さんをはじめ、たくさんの人たちが喜んでいるという。

決して、目立ってはいけない

役柄によって髪型が決まり、役者によって、そのさじ加減があり、同じ役でもまったく同じ髪型ではないのが歌舞伎の見どころのひとつでもある。

　ファンとしては、役者さんの持つ個性と役柄、髪型、衣装が見事にマッチしていると、芝居や踊りのなかに入り込めて没頭できる。……と言ってみたものの、じつはそれほど〝髪〟に対して思い入れがなかったことに気づかされた。というか、覚えていなかった！

「それでいいんです。〝あたま〟はあくまでも身体の一部なので気にならない程度がいい。役者さんが、贔屓のお客さまから『あのかつら、よかったわよ』なんて言われるのは複雑な気持ちになります」

　そこが衣装や小道具と違うところ。煌びやかでギミックが施されるそれらとは異なり、〝あたま〟はなるべく自然体であってほしい（とはいえ役柄にもよるが）。基本は役者と一体感があること、そこだけが悪目立ちしてはまだまだなのだ。役者の動きを妨げるなんてもってのほか。そのためには日々の鍛錬が必要で、

「やはり毎日さわってないとダメ。できることもできなくなってしまう。すぐに衰えます」

だから出番がないときも、ほかの芝居用の手入れをしたり、休日でも練習というか、かつらをさわっていないとソワソワするという。指先の感覚の鋭さを鍛えるべく、三味線も習っている。

「習っていると胸を張れるほど、稽古していませんが歌舞伎の三味線、好きなんですよねぇ」

それぞれのかつらによってもクセがあるそうで、

「何万本もの毛があるので、その〝行き方〟を理解していないとダメなんです。手入れのときもそこを見ながら、考えながらやっています。また、役の性根がわからないと結えません。その人物の役職もさることながら、性格や、今置かれた状態、たとえば貧しいのか？ 元は武家だったけれども理由あって落ちぶれたのか？ 具体的にどんな形にするか、明確な決まりがない。でも、こう……あるんですよ」

技術は口伝だ。長い歴史を持つ歌舞伎だけに演目が多い。髪型も役の数だけあり、さらに役者に応じて、上演の年月によってもいろいろだ。正解はあってないようなもの。先輩方のアドバイスと自分の経験を加味して、ひとつひとつをつくり上げるのだ。

「かっこいいとか、役に合っているなとか感覚でしかわからないんです。具体的にどうとは言えない。パッと見て、次の日も、またその次の日も見て、自分がいいと思えるかどうかですね」

だから「芝居はすべて必ず見る」と続ける。楽屋のモニターではなく、必ず舞台袖で見るという。

「歌舞伎には基本演出家がいません。同じ役でも、役者さんによって、鬢《びん》を垂らしたほうがいいのか、垂らさないほうがいいかなどまったく違います。今は、役者さんの好みを把握していますけど、毎月稽古のときに、『こっち側に合わせましょうか？』とか『もっと鬢を垂らしましょうか？』とか、『根（毛の集まっているところ）の位置は高いですか？ 低いですか？』とヒアリングしながら調整しています」

そのあたりを話し合いながら調整するが、役者の好みを優先したらいいのか、それとも役柄の雰囲気を優先するのかはよく迷うそうだ。

「線引きが難しいですね、迷います。でも、やはり気持ちよく舞台に出てもらうのが大切ですから。といっても、老けたおかみさん役なのに若い娘のような〝あたま〃は不自然です。役者さんの希望がよほど的を射ていない限り、僕自身が納得しない限り、意見を交わして進めています」

舞台の上にしか残らない仕事

　せっかくの機会なので、谷川さんに結っていただく。最初に習う髪型であり、女方の基本である「銀杏返し」。使う道具は櫛、コテ、タオル、元結、油、ヘアクリップといったところ。あ、コテを温めるヒーターも必要だ。

「まず髪のクセを直しますね。事前にコテをヒーターで熱しておきます。昔は火鉢で、楽屋に三時間前に入って炭を熾《お》こすのが新人の役目だったそうです」

　ブロッキングしたら丁寧に櫛を入れながら、髪をといていく。その後、熱いコテに濡れたタオルを巻きつけ、とにかく真っ直ぐに。

　かなり力が入っている。毛量も豊かで時間もかかりそう。〃あたま〃によっての個体差もありそうで。

「ありますね。サラといって油がまわっていない状態ですと30分ほどかかります。適度な油なら15分から20分ぐらいですかね。反対に油がギトギトですとそれはそれでまたやっかいです。もともとの髪質にもよりますし。はい、すべて人毛です。一回脱色してから黒に染め直しています。髪型によっては、部分的に動物の毛を使うこともあります」

　クセを直したら、髪を集める作業に移る。「真んなか肉(丸み)が出るよう、脇は薄く」というのが日本髪の基本だそう。そこから結うのだが、歌舞伎で使う櫛は用途によってさまざま。随所で説明をしてもらいながら、一時間十五分で「銀杏返し」が完成した。

「銀杏返しがいちばん好きなんですがいちばん難しい。シンプルなだけに誤魔化しがききません。あー、もう一度はじめからやり直したいです。うまく結いたいと思えば思うほどできなくなる。技術はもちろんのこと、イメージがすごく大切で。役の気持ちを考えたほうがいいんです。また役者さんにかけたときにわかることもあって。だからつねに道具を持っています」

　一回でうまくいくことはなく、何度もやり直す。けれどもやり直せる場所とそうでない本番があり、毎々、真剣勝負。日々の実践が訓練でもあるという。

　光峯床山の定年は75歳。谷川さんにはまだ40年ちょっとある。かつて先代社長に「今、お前に言ってもわからないだろうけど」と諭されたことがあり、それが最近わかるようになったこともある。

「全然足りていないんですけれど、あのときの言葉はこれか、と気づいて。後輩たちに教えることも自分の勉強になりますし、本当に一瞬一瞬が修業です」

全公演が終わったら〝あたま〟は壊して、かつら屋さんに土台を戻す。床山の仕事は舞台だけのもの。どんなに工夫しても、舞台が終わればすべて消える。

「何十年経っても正解のない、やればやるほどおもしろい仕事だと思います」

終わりがなくて飽きもない。「やっとそこに足を踏み込めたかな」と言う谷川さん。一公演の舞台を支える人たちの数はおよそ300人。そのうちのひとりとして、今日も芝居小屋を駆けている。

16

谷川兼太郎

1982年
東京・武蔵野市生まれ

光峯床山

東京都中央区銀座3-11-11-701
Tel:03-3543-0740

EPILOGUE

「職人」ということ

昨年（２０１８年）の12月28日、一軒のとんかつ屋さんが閉店した。昭和47年（１９７２）に店をはじめてから47年。お父さんとお母さんとで切り盛りしていた、店の灯りが消えた。

そのとんかつ屋さんがあったのは東京の東端、新小岩だ。新小岩はかつて三業地として栄え、いまも繁華な……というより、やや猥雑な町。でも、この町には古くから暮らす人も、また利便性のよさからも新しく住む人たちも多い。

そうした町で、長い間愛されてきた店だった。お父さんとお母さんにとって「店をずっと続けていくこと」は当たり前で、近隣の人たちや常連さんにしても、「ここがなくなる」なんて信じられなかった。

だが、お父さんとお母さんは、ともに昭和20年（1945）生まれだ。70歳の声を聞くころから、「店をたたむ」ということは頭の中に浮かんでいた。

数年前、体調のこともあって、閉店を考えたとき、その旨を常連さんに伝えたところ、「なんとか続けてくれ」「昼間だけでも」と請われ、この日まで店を続けてきたのだった。その状況に、お客であるこちらは安心仕切っていたが、お父さんの働く姿は、ちょっと辛そうだった。

お客さんはたくさんいる。経営がだめなわけじゃない。でも身体が辛い。厨房の壁に身を預けながら、とんかつを揚げる姿に涙が出てくる。包丁で切り、カウンターの皿に盛り付ける、その手、節くれ立った指が、やさしくも切ない。

それにしても、この店は本当においしく、温かかった。そして安いというのもありがたかった。お肉の扱い、衣、卵、油、いずれをとっても、お父さんのとんかつは完璧だった。添えられるキャベツもすばらしく、シャキッと瑞々しいのに、そっと寄り添ってくれる。

メニューにはポテトサラダ、お漬物もあって、それらはお母さんがつくっていた。こちらも負けず劣らずおいしくて。〝料理は愛情〟でおいしくなるとはそれほど信じていないが、お父さんとお母さんのつくるもののおいしさには、ふたりの人柄がにじみ出ていた。

料理人として修業をし、念願の店を開いたときに、お父さんはお母さんと結婚。三人の子どもに恵まれ、みな、いい家庭を築いている。

子どもらの誰かが、「店を継ぐ」という考えもあったが、いまはそれぞれの道を歩いている。家族の仲はすこぶるいい。料理が得意で、日本酒の酒づくりをしている末っ子のおじょうさんは、昔からたびたび店を手伝い、この店の味をしっかり受け継いでいる。きっと、私が「とんかつ食べたいな。ポテサラも！」と言えば、張り切ってつくってくれると思う。

この本で紹介した人たちは、「職人」という仕事を続けてきた人、継いだ人、新しくはじめた人たちです。みなさんにお話をうかがい、そのお仕事の片鱗を見せていただくにつれ、「続ける」ということがどれだけ尊いか、と身にしみました。伝統や看板を背負って立つことへのプレッシャー。自分の代でつぶしてはならないという信念。はたまた新たな世界での不安……。

誰もが、そうしたいろいろを抱えています。でも、後ろを振り返ることなく、前に進むしかない、毎日を積み重ねるしかない、「続ける」しかないのです。

特別なことはなにもない。ただ続けるだけ――ここで会った人たちはそれを教えてくれました。

でも、とんかつ屋さんのように、いつかは終わりがやって来る。意志やお金とは関係なく、そのときは、誰にでもやって来るのでしょう。

「続けられない」ことは、「続けている」人にとっては、負けや絶望かもしれません。が、それを受け入れることも大切。

私の人生は仕事まっしぐらです。家庭も振り返らず、ずっとずっとそうしてきました。そして、これからも、こうして、たくさんの人たちの仕事やその人たちの生き方を覗き見したい。そうした人たちのことを伝えたいと思っています。

「なるようになる」のか「なるようにしかならない」のか、それは自分次第。ともかく、いまを一所懸命に進む。そうしようと決めています。そんな私も「職人」でありたいと願っています。

PROFILE

山崎真由子

やまざき・まゆこ

1971年東京生まれ。大学卒業後、雑誌編集業に従事。フリーランスの編集者として食、酒場、筆記具、カメラ、下町、落語など〝モノとヒト〟にまつわる分野での仕事多数。著書に『林業男子いまの森、100年先の森』、『ときめく文房具図鑑』（山と溪谷社）など。

©阿部昌也

職人の手

2019年11月27日　初版第1刷　発行

著者　山﨑真由子
発行人　前田哲次
編集人　谷口博文

アノニマ・スタジオ
〒111-0051
東京都台東区蔵前2-14-14 2F
TEL　03-6699-1064
FAX　03-6699-1070

発行　KTC中央出版
〒111-0051
東京都台東区蔵前2-14-14 2F

印刷・製本
シナノ書籍印刷株式会社

装丁　天池 聖（drnco.）
写真　山﨑真由子
編集　浅井文子（アノニマ・スタジオ）

＊本書の情報は、2019年11月現在のものです。掲載の内容は変更になる場合がありますので、ご利用の際は事前にご確認ください。

ISBN 978-4-87758-800-7 C0095

アノニマ・スタジオは、
風や光のささやきに耳をすまし、
暮らしの中の小さな発見を大切にひろい集め、
日々ささやかなよろこびを見つける人と一緒に
本を作ってゆくスタジオです。
遠くに住む友人から届いた手紙のように、
何度も手にとって読みかえしたくなる本、
その本があるだけで、
自分の部屋があたたかく輝いて思えるような本を。